인생은 왜 힘든 걸까

삶의 마디마디에 숨겨져 있는 아름다운 비밀들

인생은 왜 힘든 걸까

이지혜 지음

정신세계사

인생은 왜 힘든 걸까

ⓒ 이지혜, 2019

이지혜 지은 것을 정신세계사 김우종이 2019년 3월 20일 처음 펴내다. 배민경이 다듬고,
변영옥이 꾸미고, 이한수가 그리고, 한서지업사에서 종이를, 코리아피앤피에서 인쇄와 제본을,
하지혜가 책의 관리를 맡다. 정신세계사의 등록일자는 1978년 4월 25일(제1-100호),
주소는 03785 서울시 서대문구 연희로2길 76 2층, 전화는 02-733-3134, 팩스는 02-733-3144,
홈페이지는 www.mindbook.co.kr, 인터넷 카페는 cafe.naver.com/mindbooky 이다.

2019년 3월 20일 펴낸 책(초판 제1쇄)
ISBN 978-89-357-0428-6 03190

이 도서의 국립중앙도서관 출판시도서목록(CIP)은 서지정보유통지원시스템 홈페이지(http://
seoji.nl.go.kr)와 국가자료공동목록시스템(http://www.nl.go.kr/kolisnet)에서 이용하실 수
있습니다.(CIP제어번호: CIP2019005344)

아름다운 지구별에서

가족이라는 소중한 인연으로 만난

부모님과 동생들

남편과 아이들에게

사랑과 감사를 보냅니다.

함께여서 행복한 날들입니다.

사랑합니다.

고맙습니다.

축복합니다.

드넓은 우주에서
영원과 순간을 함께 여행하는
과거와 현재와 미래의
모든 존재들에게
사랑과 감사를 보냅니다.
함께여서 행복한 날들입니다.
사랑합니다.
고맙습니다.
축복합니다.

나는 그동안 무엇을 했던 것일까?

당신의 인생은 만족스러운가? 모두가 잠든 깊은 밤, 혹여 당신은 왜 내 인생만 이토록 힘드냐고 깜깜한 어둠 한 자락 붙잡고 울부짖은 적 없는가? 나의 이십 대와 삼십 대는 그랬다. 모든 것은 갑작스레 닥쳐왔고 현실은 막막하고 외로웠다. 당연하리라 여겼던 나의 길은 안갯속에 묻혀버린 길처럼 사라졌고 퇴로는 차단당했다. 마치 영업시간이 종료된 상점 안에서 굳게 잠긴 문 뒤에 갇힌 것처럼. 나는 삶 속에 갇혀 아무 데도 갈 수 없었다. 시간이 흐르면 새벽은 올 것이고, 아침이 되면 잠긴 문이 열릴 것이라는 막연한 기대는 계속하여 기대로 남았다. 끝내 오지 않을 새벽처럼 어둠은 깊었고 삶은 죽음보다 힘겨웠다. 갇힌 현실 속에서 어디로도 갈 수 없었던 나는 내면으로 더 깊은 내면으로 탐구의 방향을 돌렸다. 그렇게 출구 없는 어둠 속에서 속절없이 마흔을 보내고 쉰을 맞이했다.

영원과도 같았던 암담함 속에서 내가 할 수 있었던 유일한 일은 출구를 찾는 것이었다. 아니 그건 할 수 있었던 유일한 일이 아니라 해야만 했던 유일한 일이었다. 아무것도 보이지 않는 암흑 속에서 손으로 더듬고 더듬으며 한 줄기 빛을 찾아 헤쳐나온 길이었다. 미세한 틈 사이로 들어오는 가냘픈 숨결 같은 내면의 빛을 따라 햇빛 아래로 나왔을 때, 나는 떠나온 길을 돌아보았다. 그리고 순간 깨달았다. 밖에서 잠그는 문이라고 생각한 그것이 사실은 안에서 잠그는 문이었음을. 그렇다면 나는 그동안 무엇을 했던 것일까?

외부에 있다고 믿었던 출입문의 잠금장치가 사실은 내부에 있었음을 알았더라면 그토록 오래 갇혀 있지 않았을 것이다. 이제 나는 이 이야기들을 나누고 싶다. 삶의 모든 문제를 푸는 열쇠는 외부가 아니라 내부에 있음을 함께 사유하고 싶다. 또한 삶의 마디마디에 숨겨진 비밀들에 대해 이야기하고 싶다. 하나의 마디를 넘어설 때마다 우리는 더 단단해지고 옹글어진다. 하지만 모든 시련에는 이유가 있음을 알기까지 얼마나 많은 고달픔과 가혹함을 견뎌야 했던가? 삶의 굽이굽이에 숨겨진 비밀들을 일찍 알아차릴 수 있었다면 나는 좀더 일찍 신선하고 평화로운 아침을 불러올 수 있었을 것이다. 좀더 일찍 환하고 따사로운 햇빛 아래로 나올 수 있었을 것이다.

그리하여 나는 이제 당신과 함께 길고도 짧은 이야기를 나누고 싶다. 마치 그 옛날 전깃불도 없던 시절, 긴 겨울밤 호롱불 하나 밝혀놓고 나누던 옛이야기처럼. 두런두런 느리고 구수한 말투로 지나간 전설에 대해 이야기하는 할머니처럼. 그렇게 태초부터 영원까지, 시간과 공간 속에서 시간도 없고 공간도 없음을 이야기하고 싶다. 당신의 삶과 나의 삶을 이야기해보고 싶다. 왜 이토록 힘든 삶이었는지. 어떻게 하면 캄캄한 동굴 같은 암담한 삶에서 탈출할 수 있는지. 끝없는 절망의 늪에서 벗어나기 위해 우리는 무엇을 탐구해야 하고 무엇을 알아야 하는지. 그런 것들에 대해 함께 사유하고 싶다.

2019년 2월

이지혜

왜 인생은 이토록 힘든 걸까?

01

왜 인생은
이토록 힘든 걸까?

그대가 나에게 물었다.

"왜 인생은 이토록 힘든 걸까요?"

나는 답했다.

"그건 그대가 알아야 할 것을 모르고 있기 때문이야."

인생이란 무엇일까?

우리는 한 개인의 탄생에서 죽음까지의 여정을

인생이라 말하지만 진정 그것이 전부일까?

과연 우리는 인생이 무엇인지 제대로 이해하고 있는 걸까?

태어나서부터 지금까지 수많은 가르침을 받으며 성장했지만

누구도 우리에게 인생은 무엇이라고 명확한 답을 주지 않았다.

왜냐하면 그들 역시 답을 모른 채 살아가고 있기 때문이다.

삶이 이토록 힘겹고 모호하게 느껴지는 이유는

반드시 알아야만 할 것을 모르고 있기 때문이 아닐까?

어쩌면 지금 우리에게 필요한 건 〈인생사용 지침서〉가 아닐까?

우리는 지금 가장 중요한 문제를 놓치고 있는 게 아닐까?

우리는 모두 인생이 무엇인지 명확하게 정의 내리지 못했고

모호함 속에서 막연한 느낌으로 살아가고 있지 않은가?

목적지도 제대로 설정하지 않은 채

방향을 알려줄 나침반도 없이

덮쳐오는 높은 파도와 맞서 싸우며

인생이라는 험난한 항해를 하고 있지 않은가?

그러므로 우리는 먼저

인생은 왜 힘든 걸까

인생의 의미와 목적은 무엇인가라는 질문을
다시 점검해볼 필요가 있고 올바르게 정의 내릴 필요가 있다.
그것이 공통된 하나의 정의이면 좋겠지만
불가능하다면 적어도
나만의 정의와 의미는 가지고 있어야 하지 않을까?

명확한 정의는 하나의 이정표가 되어 혼란과 방황을 잠재우고
좀더 편안한 항해를 허락해줄 것이다.

02

한 번의 생은
하나의 마디이다

그대가 나에게 물었다.

"그럼 인생의 의미는 무엇인가요?"

나는 답했다.

"한 번의 생은 하나의 마디로서의 의미를 갖는다."

한 번의 생은 하나의 마디이다.
한 번의 생 속에서 체험을 통해 배우고 성장하며
우리의 마디는 더 단단해지고 완전해진다.

얽히고설킨 관계들과 경험 속에서 제대로 배우지 못하고
인생이란 무대에서 내려와야 한다면
이번 생은 낭비된 생이다.

마치 멋진 그림을 그리려다 실패하여
구겨지고 버려진 도화지처럼.
물론 실패하여 구겨진 그림의 반복을 통해
우리는 좀더 능숙해지고 성장할 것이다.

그런 점에서 본다면
실패 역시 그저 무의미한 것만은 아니며
성장을 위한 습작으로서의 의미를 갖는다.

하지만 이번 생에 들어오면서
배우고자 목적했던 과정을 충분히 배우지 못했다면
우리는 다음 생에서 비슷한 과정을 반복해야 할 것이고
이것이 각각의 생에 좀더 정성을 기울여야 하는 이유이다.

생의 곳곳에 펼쳐진 관계들과 경험 속에서
배움과 깨우침의 기회를 제대로 찾아낼 수 있다면
이번 생은 좀더 의미 있어질 것이고
목적지를 향한 여정은 좀더 짧아질 것이다.

그리하여 하나의 생은 결국
나를 찾아가는 긴 여정 속의 한 마디이고
그 마디에서 자신만의 깨우침과 의미를
잘 찾아내어 소화시킬 수 있다면
우리는 좀더 쉽게 다음 마디로 넘어갈 수 있을 것이다.

나를
나로 꽃피우다

그대가 나에게 물었다.

"인생의 목적은 무엇인가요?"

나는 답했다.

"인생의 목적은 나를 나로 꽃피우는 것이다."

모든 존재의 목적은 자신으로 피어나는 것이다.

라일락이 라일락으로 피어나는 것 외에
다른 어떤 목적이 있겠는가?
산딸기가 산딸기로 열매 맺는 것 외에
무슨 목적이 있겠는가?
다람쥐가 다람쥐로 존재하는 것 외에
어떤 다른 목적이 있겠는가?

인간 역시 마찬가지이다.
내가 나로 존재하는 것 외에 어떤 목적이 있겠는가?
자신으로 피어나는 것 외에 무슨 목적이 있겠는가?
인간의 모든 문제는 자신으로 피어날 수 없음에서 연유한다.

인간의 내부와 외부에는
나를 나로 피어나지 못하게 방해하는
너무 많은 존재들이 살고 있다.
우리는 우리 내면의 생각이 오로지 나의 생각이라 여기지만
모든 개인의 내면에는 너무 많은 군중이 함께 살고 있다.

나 아닌 다른 곳으로부터 온
수많은 생각들과 관념들과 가치관들.

그것들은 내 참 존재의 심연으로부터 건져올려진 것이 아니라
우리가 타인이라 여기는 다른 존재들로부터 옮겨온 것이다.
물론 그들 역시 그 아닌 다른 존재들에 의해 오염되었다.
그렇게 오염된 수많은 관념들을 걷어내면
그곳에 자신만 남을 것이다.

그때에야 비로소 우리는
순수 존재로서의 나로 존재할 수 있고
나로 살아갈 수 있다.

그리하여 인생의 목적은 나를 나로 꽃피우는 것이다.

1장 왜 인생은 이토록 힘든 걸까?

04

자신이 누구인지
알아야 해

그대가 나에게 물었다.

"자신으로 피어나기 위해 우리는 무엇을 해야 하나요?"

나는 답했다.

"자신이 누구인지 알아야 하지."

우리는 흔히 자아실현의 중요성에 대해 말하지만
자아를 실현하기 위해서 무엇을 알아야 하는지를
제대로 알려주는 사람은 없다.
왜냐하면 자아실현을 부르짖는 그들 역시
자아를 실현하지 못했고,
무엇을 알아야 하는지 정확히 모르기 때문이다.

결국 우리는 지금 답을 알지 못하는 자의 안내를 받으며
답을 찾아가고 있는 중이다.
그리하여 모두가 자아실현이라는 팻말을 높이 들고서
어디쯤인지도 모르는 광야에서
캄캄한 밤을 보내고 있는 중이다.

사전적 의미로 자아실현이란
하나의 가능성으로 잠재되어 있는
자아의 본질을
완전히 실현하는 일이다.
자아실현은 우리 존재의 목적이며
우리는 자아실현을 통해 궁극적 행복에 이를 수 있다고 한다.

그렇다면 자아란 무엇이고 자아의 본질이란 무엇인가?
또 잠재되어 있는 가능성이란 무엇을 일컫는 것일까?

자아가 무엇이고 자아의 본질이 무엇인지
어떤 가능성이 잠재되어 있는지 알아야만
그것을 실현할 수 있지 않겠는가?

자아실현의 완성을 위해서
우리가 먼저 알아야 할 것은 자신이 누구인가이다.

당신은 자신이 누구라고 생각하는가?
○○○라는 이름을 가지고
○○○○○○-○○○○○○○라는 열세 자리 주민번호를 가진
남자 혹은 여자를 진짜 나라고 생각하는가?
나에게 묻는다면 나는 대답할 것이다.
그건 정답이 아니라고.

진짜 나는
하나의 개체가 아니다

그대가 나에게 물었다.

"그럼 진짜 나는 무엇인가요?"

나는 답했다.

"진짜 나는 하나의 개체가 아니다."

우리는 흔히 나라는 존재가 하나의 개체라고 생각한다.
지금 ○○○라는 이름을 가지고,
이런저런 외모를 가진 하나의 신체를 나라고 여긴다.
하지만 이 개체가 나의 전부는 아니다.
우리가 한 치의 의심도 없이 나의 전부라고 믿고 있는
이 개체는 나라는 존재의 참 근원이 아니다.

인간은 각각의 형체를 가진
개체로서의 개인을 나이고 너라고 주장하며
태초부터 지금까지 인류의 문화를 창출해왔다.
어쩌면 이것이 인류의 역사에
그토록 많은 전쟁과 살인과 폭력과 빈곤을
존재하게 하는 참 원인이다.

오직 개체로서의 한 개인만이 나라는 인식은
나라는 개체를 보호하고 유지하기 위해
가능한 모든 수단을 동원하게 한다.
이 과정 속에서 탐욕과 폭력과 비난과 시기가 넘쳐나고
불안과 분노가 팽배해진다.
그리하여 우리는 모두 전염병 환자처럼 불안을 전파하고
불안증 환자가 되어 살아가고 있다.

하지만 육체는 진짜 나가 아니다.

생각 역시 진짜 나가 아니다.

느낌도 진짜 나가 아니다.

그렇다면 진짜 나는 무엇인가?

진짜 나는 모든 존재의 근원이다.

존재하는 모든 것의 근원이며 전부이자 하나인 그것.

그것이 진아이다.

그러므로 진아를 알기 위해서는 근원을 이해해야 한다.

근원의 나가 어떤 존재인지 알아야 한다.

06

근원의 나를
찾아가는 여정

그대가 나에게 물었다.

"그렇다면 근원의 나는 어떤 존재입니까?"

나는 답했다.

"근원의 나는 의식이다."

삶이란 내가 나를 찾아나가는 과정이다.
모든 개인의 인생길은
근원의 나를 찾아 떠나는 여정이다.
육체를 가진 한 개체로서의 나가
무한존재인 근원의 나를 찾아가는 여정.

그 여정은 아마도
한 번의 생으로는 끝나지 않을 긴 여정이 될 것이고,
그리하여 우리는 억겁의 생을 돌고 돌아
그곳에 도착할 것이다.

그곳에서 개체로서의 나는
전체로서의 나를 만나 완성될 것이고
드디어 생의 반복은 끝날 것이다.

인간 존재의 참 본질은 의식을 가진 육체가 아니라
육체를 가진 의식이라는 것이다.

이것은 굉장히 중요한 명제이며 진리이다.
근원의 나는 어떤 존재인가라는
이 최초의 명제가 잘못 정의된다면
이 잘못된 정의로 인해 그 후에 뒤따르는

모든 지식과 지침들에 오류가 발생할 수밖에 없다.
마치 내비게이션에 목적지를 잘못 설정해두고
여행을 떠나는 여행자와 같아질 것이다.

인간 존재가 단지 육체로 한정된다면
삶은 유한하고 무수한 한계를 가지게 된다.
하지만 인간 존재의 본질이 육체가 아니라 무한의식이라면
인간은 더 이상 유한한 존재가 아니라 무한한 존재이며
한계 없는 존재가 된다.

과연 인간은 어떤 존재일까?

07

옳은 질문을
해야 해

그대가 나에게 물었다.

"그렇다면 인간은 어떤 존재입니까?"

나는 답했다.

"옳은 답을 얻고 싶다면 옳은 질문을 해야 해."

인간은 어떤 존재일까?

옳은 답을 얻고 싶다면 먼저 옳은 질문을 해야 한다.

예로부터 근원의 나를 찾기 위한 구도자들의 모든 질문은

오직 한 가지 질문으로 귀결되었다.

'나는 누구인가?'

스스로를 향해 끊임없이 '나는 누구인가'를 질문하는 것이

구도의 시작이고 끝이었다.

그리고 이것은 진리를 찾기 위한 피할 수 없는 여정이었다.

내게 있어 이 질문은

'나는 어디에 있는가?'라는 질문으로 변형되어 다가왔다.

처음 나의 가슴에 '나는 누구인가'를 질문했을 때

그 질문은 마치 살아 있는 생명체처럼

스스로의 움직임을 가지고

'나는 어디에 있는가?'로 변형되었다.

'나는 어디에 있는가?'라는 질문 하나를

몇 년간 가슴속에 품고 살던 어느 날

돌연 그 답이 희미하게 보이기 시작했다.

나는 어디에나 있었다.

나는 모든 곳에 있었다.

내 몸 안에도 내 몸 밖에도 나는 존재하고 있었다.

그러면서 다시 그 화두는

'그렇다면 나는 무엇인가?'라는 질문으로 이어졌다.

참 존재가 무엇인지 내가 무엇인지 알게 되는 순간

그 질문은 '나는 누구인가?'라는

처음의 질문으로 제자리를 찾아갔다.

그것은 진리의 문이 열리는 순간이었다.

08

진리란
변하지 않는 것이다

그대가 나에게 물었다.

"진리란 무엇입니까?"

나는 답했다.

"진리란 변하지 않는 것이다."

인간의 삶엔 많은 비밀이 숨겨져 있다.
아니 어쩌면 숨겨져 있는 게 아니라 환하게 펼쳐져 있는데도
우리네 인간들이 알아보지 못하고 있는지도 모른다.
잘못된 관념의 포로가 되어서
오직 스스로가 원하는 대로 이해하고 해석할 뿐이다.

지구가 둥글다는 걸 인류가 알기 전에도 지구는 둥글었고
태양이 지구 주위를 도는 것이 아니라
지구가 태양 주위를 돈다는 지동설을 알기 전에도
지구는 여전히 태양 주위를 돌고 있었다.

진리란 변하지 않는 것이다.
변화하고 성장하는 건 인간의 이해와 앎이다.

미술 작품을 감상할 때면 아는 만큼 더 잘 보이고
음악을 감상할 때도 아는 만큼 더 잘 들린다.
진리도 마찬가지이다.
진리를 진술해놓은 많은 책들이 있음에도
대다수의 사람들은 잘 알아보지 못한다.
자신이 아는 만큼만 보고 아는 만큼만 듣기에
진리를 드러내고 있는 책들을 읽어도 아는 만큼만 이해하며
그래서 실상은 거의 이해하지 못하고 있다.

1장　왜 인생은 이토록 힘든 걸까?

이것이 진리가 숨겨져 있지 않고 드러나 있음에도
사람들이 잘 이해하지 못하고 알지 못하는 이유이다.
숨김없이 펼쳐져 있어도
이해할 수 없기 때문에 알아보지 못하며
보아도 보지 못하고 들어도 듣지 못하여
해결할 수 없는 문제를 끌어안고 제자리걸음만 하고 있다.

해결할 수 없는 문제를 해결하기 위해서는 진리를 알아야 하고
진리를 알기 위해서는 체험이 필요하다.

09

나를
비워야 해

그대가 나에게 물었다.

"체험은 어떻게 옵니까?"

나는 답했다.

"나를 비워야 해."

진리는 하나이다.

우리가 사과라고 이름 붙인 과일은 하나이다.

그 사과를 영어, 일본어, 중국어 등

모든 언어에서 제각기 다른 이름으로 부른다.

각기 다른 이름으로 불릴지라도

그 과일을 직접 맛본다면 같은 맛이다.

맛은 이론이 아니라 체험이다.

사과를 먹어보지 않은 사람에게

사과의 맛을 아무리 자세히 설명해도

그 맛을 제대로 전달하기는 불가능하다.

오직 직접 먹어볼 때에만 진정한 맛을 알 수 있다.

진리도 이와 같다.

진리는 이론이나 믿음으로써가 아니라

직접 체험함으로써 알 수 있다.

직접 체험한다는 건 직접 맛본다는 뜻과 같다.

직접 사과를 먹어본 사람은

더 이상 사과의 맛에 대한 논란을 필요로 하지 않는다.

직접 진리를 체험한 사람은

더 이상 진리에 대해 논하지 않는다.

직접 진리를 체험하기 위해 필요한 조건은 나를 비우는 것이다.
나를 비운다는 것은 나의 생각과 관념, 주장, 판단, 분별…
이런 것들을 내려놓는 것을 의미한다.
우리의 내부는 너무나 많은 관념과
주장과 판단으로 가득 차 있다.

잔을 비워야 새로운 물을 채울 수 있듯이
나를 비워야 그 자리에 진리가 채워진다.
이때 말하는 진리란 이론이 아니다.
진리를 내 안에서 체험하는 것이다.
그 순간 내가 곧 근원이고 모든 것임을 알게 된다.

10

에고는
존재의 근원이 아니다

그대가 나에게 물었다.

"어떻게 해야 나를 비울 수 있습니까?"

나는 답했다.

"에고가 존재의 근원이 아님을 이해해야 하지."

에고의 역사는 인간 존재의 역사와 함께한다.
에고는 인간의 육체에 종속되어 있고
인간의 두뇌에 종속되어 있다.
그리하여 인간 육체의 종말은 에고에게도 종말을 의미한다.

육체를 가진 개체로서의 나를 존재의 전부로 믿는 에고는
육체의 죽음을 존재의 죽음으로 받아들인다.
이에 에고는 육체의 죽음을 극도로 두려워하고
자신의 생명을 유지하고 존속시키기 위해 최선을 다한다.

지키고 싶은 걸 지키지 못했을 땐
분노하기도 하고
얻고 싶은 걸 얻지 못했을 땐
원망하기도 하며
이루고 싶은 걸 이루지 못했을 땐
좌절하기도 한다.

자신의 생존을 위해 시기하고 경쟁하며
때론 비열함과 비겁함도 마다하지 않고
누군가를 비방하고 모략함으로써
때론 영리하고 교활하게 자신을 합리화하기도 한다.

자신을 지키기 위해
분노하고 방어하고 변명하는 에고의 모습은
무모하다 못해 막무가내이며,
에고 본인만이 자신을 지킬 수 있다는 믿음으로
자신의 생존을 위해 눈물겹도록 필사적이다.

에고의 이런 모습은 모두
자신의 생존에 대한 불안과 두려움에서 연유하기에
에고를 내려놓기 위해서는 에고가 가짜 나임을 알아야 하고
에고가 존재의 근원이 아님을 이해해야 한다.

11

개체는
존재의 전부가 아니다

그대가 나에게 물었다.

"가아假我란 무엇입니까?"

나는 답했다.

"개체를 존재의 전부로 믿고 있는 자신이야."

수족관 안에 물고기들이 헤엄치며 놀고 있다.
만약 물고기들이 인간처럼 생각할 수 있다면
각각의 물고기들은 그 각각의 형체를
나이고 너이며 그것이 존재의 전부라고 규정할 것이다.

하지만 진리는 그 각각의 형체가
존재의 근원이 아니라는 것이다.

수족관을 하나의 우주라고 가정한다면
존재의 근원은 물고기가 아니라 물이다.
모든 물고기들은 물에 의존하며
물이 사라지면 물고기들은 더 이상 존재하지 못한다.

좀더 관점을 넓혀 나가면 바닷속에 많은 생명들이 살고 있다.
동물뿐만 아니라 식물들도 있는데
그들 모두가 각각의 개체를 나이고 너라고 주장할 수 있지만
역시 존재의 근원은 바닷물이다.
바닷물이 사라진다면
그들 모두는 더 이상 존재할 수 없을 것이다.

여기에서 좀더 확장하여 생각해보면
모든 존재는 의식의 바다에서 살고 있다.

사람을 비롯하여 모든 동물과 식물, 그리고 광물들,
해와 달을 비롯하여 우주를 운행하고 있는 무수한 별들까지
그 모두를 존재하게 하는 근원이 있다.
모든 존재는 무한한 의식의 바다에
뿌리를 두고 의존하고 있으며
의식이 없다면 존재는 더 이상 존재할 수 없다.

그렇기에 존재를 존재할 수 있게 하는 유일한 근원은 의식이고
인간 존재는 무한의식의 부분이자 전부이다.

12

허공에
집중해봐

그대가 나에게 물었다.

"존재가 의식임을 어떻게 이해할 수 있습니까?"

나는 답했다.

"허공에 집중해봐."

차를 타고 거리를 달리다 보면
무심코 주변 풍경을 관찰하는 순간이 있다.
유리창을 통해 바깥을 볼 때
물체에 집중하지 말고 허공에 집중해보자.

거기에 무엇이 있는가?
거기에 내가 있다.
거기에 존재하고 있는 것이 바로 나다.
나는 허공에도 있고, 차 안에도 있고, 가로수에도 있고
타인이라고 생각하는 몸 안에도,
나라고 생각하는 몸 안에도 있다.
나라는 존재는 내 몸 안에도 밖에도 연결되어 있으며
모든 곳에 두루두루 퍼져 있다.

이 말은 처음 접하면 이해하기 어려울 것이지만
마음을 내어 서두르지 말고 오랫동안 탐구해보자.
몇 개월이 걸릴 수도 있고 몇 년이 걸릴 수도 있다.
하지만 포기하지 않고 마음을 두어 탐구해보면
어느 순간 답이 스스로의 모습을 드러낼 것이다.

세탁조 안에 여러 가지 세탁물이 담겨 있다.
우리는 대개 습관적으로 각각의 세탁물에 집중한다.

이제 이 습관을 바꾸어 세탁물이 아니라
세탁물이 잠겨 있는 물에 집중해보자.
세탁물들이 인간처럼 생각할 수 있는 존재라면
각각의 세탁물을 나이고 너이며 참 존재라고 주장할 것이다.
하지만 참 존재는 각각의 세탁물이 아니라
세탁물 안과 밖에서 세탁물을 관통하고 있는
물과 같은 존재이다.

하나의 물컵 안에 여러 개의 빨대가 꽂혀 있다.
각각의 빨대가 개체로서의 자신을 주장하겠지만
참 존재는 빨대가 아니라 컵을 가득 채운 물과 같다.
그러니 이제 개체로서의 사물이 아니라
그 사물을 담고 있는 허공과 배경에 집중해보자.

13

의식은
태초의 유일한 존재다

그대가 나에게 물었다.

"의식이 어떻게 존재일 수 있습니까?"

나는 답했다.

"의식은 태초의 유일한 존재야."

태초의 우주 근원은 오직 하나이다.
최대의 질량과 최소의 크기를 가진 하나의 극점이 존재했다.
중요한 건 이 최초의 근원 존재가
무의식체가 아니라 의식체라는 것이다.

최초의 근원 존재는 의식이 있고 지성이 있는
사유하는 존재이다.
그 사유하는 우주 근원은 자신을 알기를 원했다.
하나인 전부가 하나인 자신을 알기 위해서는
하나인 자신을 분리하는 수밖에 없다.
왜냐하면 분리되지 않은 자신은
너무 가까워서 볼 수 없기 때문이다.
그리하여 하나이며 전체였던 근원이
수없이 많은 존재로 분화되는 빅뱅이 일어났다.

좀더 이해하기 쉬운 논리로 바꾸어 말한다면
단일한 극점으로 존재했던 태초의 우주 근원이
어느 순간 어떠한 이유로
점점 너 팽창했고 드디어 대폭발이 일어났는데
그 대폭발로 흩어진 하나하나의 파편들 모두가
무의식체 무지성체가 아니라
의식체이며 지성체라는 것이다.

태초부터 스스로 존재했고

태어난 적도 죽은 적도 없으며

온 적도 없고 간 적도 없는 이 최초의 근원 존재는

스스로 존재하며 모든 것을 알고 모든 것을 창조하는

완전체로서 하나의 무한한 의식이다.

이 하나이면서 전체인 의식은

모든 곳에 두루 퍼져 없는 곳 없이 무소부재하며

사람을 비롯한 동물과 식물, 광물, 수많은 별들까지

모든 존재들을 관통하여 흐르고 스며들어 존재가 되었다.

14

자신을
표현하다

그대가 나에게 물었다.

"하나인 근원은 왜 개체가 되었나요?"

나는 답했다.

"자신을 표현하고 싶어서이지."

자신의 눈으로 자신의 눈을 볼 수는 없다.

자신의 눈을 바라보기 위해

우리는 거울이라는 도구를 이용한다.

이때 거울에 비친 눈은 내 눈 자체가 아니라

내 눈이 비친 모습일 뿐이다.

하지만 거울이라는 도구를 통해 우리는 그 비친 모습을 보고

내 눈의 모양과 색깔을 알 수 있게 된다.

근원 역시 자신을 보기 위해서는

자신의 모습을 비추어줄 어떤 대상이 있어야 한다.

단일체이자 전체였던 근원의식은 빅뱅을 통해

헤아릴 수 없이 많은 조각으로 분화되었고

우주 전체에 골고루 퍼졌다.

마치 사우나의 한증막에 자욱하게 퍼진 수증기처럼

우주는 이 근원 에너지로 가득 채워져 있다.

이 근원 에너지는 사유하는 의식체이고

지성과 지혜, 건강과 풍요, 권능과 창조, 사랑과 기쁨…

그 모든 속성들을 가진 완전체이다.

이 완전체인 근원의식은 인간을 비롯한

각각의 동물들, 식물들, 광물들, 해, 달, 별, 바다…

그 모든 것에 스며들어 하나의 개체로서 존재가 되었다.
근원 존재는 개체를 통하여 근원이 가진
지성과 지혜, 건강과 풍요, 권능과 창조, 사랑과 기쁨…
그 모든 속성들을 표현함으로써
자신을 알고 자신을 표현하고 자신의 존재를 즐기고 싶어한다.

그 조각조각이 바로 나이고 당신이다.
그리하여 결국 나도 당신도 하나이다.
내가 나를 알기 위해 당신이 존재하고
당신이 당신을 알기 위해 내가 존재한다.
우리는 모두 서로를 비추는 거울이다.

15

분리는
인간의 오해이다

그대가 나에게 물었다.

"분리는 어떻게 일어났나요?"

나는 답했다.

"분리는 인간의 오해이다."

우리의 눈에 아무것도 없는 것으로 인식되는 허공은
최초의 근원 존재가 팽창하고 폭발한 의식으로 가득 차 있다.

보이지 않고 들리지 않는다고 하여
존재하지 않는 것은 아니다.
인간의 오감으로 감지되지 않는다고 하여
존재하지 않는 것은 아니다.

방송국에서 내보내는 전파 역시 존재하지만
인간의 감각으로는 감지되지 않고
병원에서 인체의 촬영에 사용되는 X선 역시 존재하지만
인간의 감각으로는 감지되지 않는다.

세상에는 인간의 오감으로는 감지할 수 없는
많은 것들이 존재하지만 파악되지 않을 뿐이다.

없는 곳 없이 모든 곳에 두루 퍼져 있는 우주 근원은
모든 것 모든 곳에 연결되어 있는 전체이자 하나인 의식이다.
그런데 선체인 의식이
개체 속으로 들어가 인간존재로 표현되면서
자신이 우주 근원 존재라는 정체성을 망각했다.
자신이 태초의 전체이자 하나인 근원임을 기억하지 못하고 개체 속에서 개별적인 존재로 인식하게 되었다.

이러한 인식은 나라는 존재가
모든 것과 분리되었다는 오해를 촉발하였고
그로 인해 수많은 다툼과 고통이 생겨났다.
인간의 모든 고통은 결국 너와 내가 분리되고
나와 근원이 분리되었다는 이 단순한 오해에서 비롯된다.

2장

나는 그동안 무엇을 했던 것일까?

무언가
배워야 할 것이 있다

그대가 나에게 물었다.

"고통의 의미는 무엇인가요?"

나는 답했다.

"무언가 배워야 할 것이 있다는 뜻이지."

인생에서 마주치는 돌발적인 사고나 예기치 않은 사건은
우리 영혼의 잠을 깨우는 자명종과 같다.
근원의식의 한 조각인 우리는 지구로 들어올 때
자신의 모든 계획과 기억을 망각하도록 선택했다.
망각이 우리의 경험을 더 실제적으로 체험하게끔
도와주기 때문이다.
그와 함께 삶의 곳곳에 자신의 깊은 잠
즉, 망각의 상태를 깨워줄 알람을 설정했다.
그 알람은 예기치 않은 사고나 사건으로 드러난다.

인생에서 벌어질 모든 일을 미리 다 알고 삶을 맞이한다면
삶에 완전히 몰입하기 힘들고
삶을 제대로 경험하거나 배울 수 없다.
이러한 사고나 사건의 목적은
우리를 고통스럽게 하려는 것이 아니다.
지금 겪고 있는 삶이 고통스럽게 느껴진다면
나의 개체의식이 전체로서의 근원의식에
올바르게 조율되지 못했다는 뜻이며 바른 조율을 위해
이 과정 속에서 무언가 배우고 익혀야 할 것이 있다는 뜻이다.

악기를 연주할 때
악기가 올바르게 조율되어 있지 않다면

어떤 곡을 연주해도 불협화음이 일어나듯,

삶이라는 노래를 연주하면서

나의 개체의식이 근원의식에 올바르게 조율되어 있지 않다면

삶이 자꾸만 삐걱거리고 고통스럽게 느껴질 것이다.

나의 무엇이 근원과 올바르게 정렬되어 있지 않은지를

발견하는 순간

삶은 더 이상 고통스럽게 느껴지지 않을 것이다.

그러니 우리가 할 일은 문제 속에 숨겨진 의미,

즉 문제의 의도를 알아채는 것이다.

2장 나는 그동안 무엇을 했던 것일까?

중요한 건
자신의 크기야

그대가 나에게 물었다.

"인생에서 생기는 문제들은 어떻게 해결해야 하나요?"

나는 답했다.

"중요한 건 문제의 크기가 아니라 자신의 크기야."

문제의 크기는 중요하지 않다.
자신의 크기가 중요할 뿐이다.
자신이 그 문제를 담을 수 있을 만큼 큰 사람인지,
그 문제가 너무 버거워 쳐다보기도 힘들 만큼
작은 사람인지, 그것이 핵심이다.

지금 당신 앞의 문제가 엄청나게 커 보인다면
당신이 그 문제의 크기에 비해 작은 사람이라는 뜻이다.
그 문제를 수월하게 해결하고 싶다면
당신이 그 문제를 능숙하게 다룰 수 있을 만큼
큰 사람이 되면 된다.

마음의 성장을 거듭하여 더 큰 사람이 된다면
전에는 문제로 보였던 것들이
더 이상 문제로 여겨지지 않는 경험을 하게 될 것이다.
마치 세 살짜리 아이에게 엄청나게 높아 보이는 계단들이
어른의 눈으로 볼 때는
아무것도 아니게 여겨지는 것과 같은 이치이다.

또한 인생에서 나에게 가해지는 많은 제약들은
모래주머니와 같은 역할을 한다.
운동선수가 더 빠른 스피드와 멋진 성과를 위해

2장   나는 그동안 무엇을 했던 것일까?

모래주머니를 차고 연습을 하듯
우리는 인생이라는 경기장에서
장애물 넘기를 하고 있는 중이다.
놀이동산에서 놀이기구를 선택하듯
문제의 종목을 선택하여 즐기고 있는 것이다.

그 모래주머니를 묶은 것도 나이고
그 놀이기구를 선택한 것도 나이다.
그것을 통해 이루고자 하는 성장이 있기 때문에
스스로의 내적 필요에 의해 선택한 것이다.
그러니 다른 누군가를 원망하는 것은 어리석은 일이다.

자신의 인생은
자신이 선택한 것이다

그대가 나에게 물었다.

"내가 이런 인생을 선택한 것은 아니잖아요?"

나는 답했다.

"아니, 자신의 인생은 자신이 선택한 거야."

당신은 당신의 국적과 태생과 환경과 신체조건이
자신의 의지와는 무관하게 주어진 것으로 믿고 있다.
한 번도 의심해본 적 없는 이 믿음으로 인해
만족할 수 없는 자신의 환경에 대해
때로는 국가를, 때로는 사회를, 때로는 부모와 형제자매를
원망하는 마음을 키워가고 좌절하고 분노한다.

하지만 나에게 묻는다면 나는 답할 것이다.
그 모든 환경과 조건은 당신이 의도하고 선택한 것이라고.

근원의식의 전체이자 부분이었던 당신은
인간 육체의 개체 속으로 들어오기 전에
스스로의 의지로 자신이 태어날
지구별과 국가와 가정과 환경과 신체조건 등
모든 것을 신중하게 선택하고 결정했다.

당신은 당신의 삶 속에서
근원 존재로서의 속성들을 표현하길 소망했고
그러한 속성들을 자유자재로 표현할 수 있을 만큼
성장한 존재가 되길 열망했다.

그 열망에 따라 자신의 성장을 돕고 촉진시킬 수 있는

환경과 상황과 인연과 사건들을 선택하여
삶의 곳곳에 배치했다.

그러므로 지금 당신을 둘러싼 모든 환경과 인연과 사건들은
당신이 당신으로 피어날 수 있도록
자신의 성장을 위하여
자발적인 의지로 계획해놓은 장치들이다.

따라서 당신이 할 일은
그러한 상황들과 사건들과 인연들 속에서
스스로가 숨겨놓은 배움과 성장의 의미를 찾아내고,
그 배움과 성장을 통해 자신으로 피어나는 것이다.

2장 나는 그동안 무엇을 했던 것일까?

04

우리는
아무것도 모르고 있다

그대가 나에게 물었다.

"우리는 무엇을 배워야 하나요?"

나는 답했다.

"먼저 자신이 모르고 있다는 것을 배워야 하지."

태어나서 지금까지 우리는 많은 교육을 받으며 자라왔다.
얼마나 더 많이 배워야 나는 완성될 수 있을까?

이토록 많은 배움 속에서도
왜 우리는 앞으로 나아가지 못하고
제자리걸음만 하고 있는 느낌이 드는 걸까?
어쩌면 우리의 배움이 처음부터 잘못되었던 건 아닐까?
우리는 과연 배워야 할 것을 제대로 배우고 있는 걸까?

무모한 배움에서 한 걸음 물러서서
이제껏 한 번도 품지 않았던 이런 의문들에 대해
자신에게 질문을 던져봐야 하지 않을까?

사실 우리의 배움은 반쪽짜리 배움이다.
엄마 뱃속에서부터
클래식 음악을 듣고 영어를 듣고 동화를 들으며
조기 교육을 받으며 자랐지만
정작 배워야 할 것은 배우지 못했고,
그래서 성인이 된 우리는 엄청 많이 알고 있는 것 같지만
실상은 알아야 할 것을 전혀 알지 못한 채
안다고 착각하며 인생을 살고 있다.

그러니 우리가 가장 먼저 배워야 할 것은
우리가 아무것도 모르고 있다는 사실이다.

우리는 인생이 어떤 의미와 목적을 가지고 어떻게 순환하며
무엇을 향해 가고 있는지 알지 못한다.
진정한 나가 누구인지 알지 못하며
자신이 진정으로 원하는 것이 무엇인지도 알지 못한다.
무엇이 실재이고 무엇이 허상인지 알지 못하며
자신에게 어떤 힘이 있는지도 알지 못하고
그 힘을 어떻게 사용할 수 있는지도 알지 못한다.

05

올바른 방법으로
노력해야 해

그대가 나에게 물었다.

"그럼 얼마나 더 노력하면 될까요?"

나는 답했다.

"중요한 건 올바른 방법으로 노력하는 거야."

온 힘을 다해 애쓰고 있음에도
삶이 나아지지 않는다면 이유는 한 가지이다.
노력이 부족해서가 아니라
잘못된 방법으로 노력하고 있기 때문이다.

당신은 밀어서 열어야 하는 문을
온 힘을 다해 당겨서 열고 있는 중이다.
이 문제를 해결하는 방법은 아주 쉽고 단순하다.
그저 이 문은 당겨서 여는 문이 아니라
밀어서 여는 문임을 알면 된다.
그런데 누구도 당신에게 그것을 말해줄 수 없다.
당신만이 아니라 주변의 모든 사람들이 조금의 의심도 없이
그 문을 당겨서 여는 문으로 알고 있기 때문이다.

가끔 정말 아주 드물게
그 문을 밀어서 여는 문으로 알고 있는 사람이 있을지라도
당신에게 그 말을 해주기가 쉽지 않다.
모두가 당겨서 열어야 한다고 주장하고 있는 상황에서
밀어서 열어야 한다는 말은 당신의 귀에 가닿지 않을 것이고
허공에서 속절없이 사라질 것이다.
간혹 귀에 가닿았다고 하더라도
더 많은 다수의 주장 속에서 허튼소리로 치부되거나

이상한 말을 하는 믿을 수 없는 허황된 사람으로 인식되어
오히려 비난과 무시의 화살에 노출되기 쉽기 때문이다.
옳음을 증명하기 힘든 어설픈 주장은
당신의 가슴에 가닿기도 전에 군중 속에 묻혀버릴 것이다.

그러므로 당신의 삶을 진정으로 바꾸고 싶다면
노력을 더 많이 하려고 애쓰기 전에
내가 지금 올바른 방법으로 노력하고 있는지를
의심해봐야 한다.

06

감정을
세심하게 관찰하다

그대가 나에게 물었다.

"내가 가는 길이 옳음을 어떻게 구별할 수 있나요?"

나는 답했다.

"자신의 감정을 세심하게 관찰해봐."

우리는 무게를 알기 위해 저울을 이용하고
길이를 측정하기 위해 자를 사용한다.
그럼 지금 이 순간 내가 가는 길이 옳은 길인지 아닌지를
측정할 수 있는 도구는 무엇일까?
자신의 감정이다.

우리 모두는 자신의 내부에 원하는 삶을 향해 나아가도록
방향을 알려주는 나침반을 가지고 있다.

자신이 현재 느끼는 감정이
기쁨, 감사, 환희, 충만, 평화, 평온, 만족, 사랑과 같은
기분 좋은 감정들이라면
당신은 옳은 길 위에 서 있는 것이다.
하지만 지금 당신을 지배하고 있는 감정이
불안, 원망, 우울, 슬픔, 분노, 원한, 증오, 미움 등과 같이
기분을 안 좋게 하는 감정들이라면
당신은 틀린 길 위에 서 있는 것이다.

감정은 당신 생각을 측정하는 바로미터이고
당신이 옳은 방향으로 가고 있는지를 알려주는
가장 효율적인 도구이다.

2장 나는 그동안 무엇을 했던 것일까?

개인이 느끼는 감정은
내가 무엇을 좋아하고 무엇을 싫어하는지
무엇을 원하고 무엇을 원하지 않는지
어떤 사람이 되고 싶고 어떤 사람이 되고 싶지 않은지를
알려주는 나침반이고 지표이다.

그런데 대다수의 사람들은 이 지표를 제대로 활용하지 못하고
그저 하나의 지표인 감정에 휘둘리며 살아가고 있다.
당신의 감정을 자신의 인생에서 나아갈 방향을 알려주는
지표로 받아들이고 제대로 활용할 수 있을 때
당신의 삶은 점점 더 좋은 방향으로 변화될 것이다.

07

상처에 너그러워지는
마음이 필요해

그대가 나에게 물었다.

"나에게 상처 준 사람을 어떻게 용서할 수 있나요?"

나는 답했다.

"자신의 상처에 너그러워지는 마음이 필요해."

때로는 상처받아도 된다.
때로는 상처를 줄 수도 있다.

가전제품이나 가구를 생각해보자.
아주 비싼 고가의 제품을 들여와 매일 정성껏 닦고 보듬어도
살아가노라면 생활 스크래치라는 게 존재한다.
하물며 살아 있는 존재인 사람이야 더 말할 나위가 없다.
살아 움직이는 삶 자체가 타인과의 만남과 부딪침을 통해
엮어가고 영글어가는 과정이 아니던가?

타인은 분명 나와는 다른 개체성을 가지고 있고
개체성 다른 두 존재가 만나 관계를 만들어가는 과정에서
크고 작은 부딪침이 없을 수 없다.
그 과정 속에서 당연히 누군가는 상처 입고
또 누군가는 상처를 준다.
결국 상처란 삶의 과정 속에서 필연적으로 일어나는 일이다.
또 그러한 상처를 잘 다독이고 다루어가는 과정을 통해
우리는 성장하고 완성되어간다.

그런데 나와 내 아이 혹은 내 가족은
절대 조금의 상처도 받으면 안 된다는 생각을
마음속 깊숙이 가지고 있다면 그 기본 전제로 인해

인생은 왜 힘든 걸까

마음은 더 고통스럽고 삶은 더 힘들어질 것이다.

그러니 때론 자신의 상처를 용납하고 흘려보내자.
삶 속에서 생기는 소소한 생활 스크래치들을
기꺼이 허용해보자.
삶이 훨씬 더 편안해지고 풍성해질 것이다.

결국 우리는 자신의 상처에 너그러워지는 마음이 필요하다.
자신의 상처에 좀더 넓은 허용치를 둔다면
상대에 대한 용서에도 더 넓은 허용치를 둘 수 있을 것이다.

2장 나는 그동안 무엇을 했던 것일까?

08

자신을 상처 입힐 수 있는
존재는 자신뿐

그대가 나에게 물었다.

"그럼 마음의 상처는 어떻게 해결해야 하나요?"

나는 답했다.

"자신을 상처 입힐 수 있는 존재는 자신뿐이야."

지금 누군가의 말과 행동으로 당신이 아프다면
그 아픔이 이미 이전에 당신의 가슴에 있었기 때문이다.
어린 시절, 혹은 살아오면서
어느 순간에 쌓인 경험들 속에서 생긴 상처를
치유하지도 버리지도 못하고
여전히 가슴에 담아뒀기 때문이다.

당신은 그저 그 상처를 안 보이게 슬쩍 덮어뒀을 뿐이며
때론 그 상처가 있었는지 자신도 잊어버리고 있었을 수 있다.
해결되지 않은 상처가 너무 아프고 힘든데
자신의 힘으로는 어찌할 수 없어서
애써 없는 척 외면하고 살아왔는지도 모른다.
아직 아물지 않은 생살같이 아프고 쓰라린 상처가
누군가의 말 한마디에 들추어져
그 속살을 드러내고 고통스러워하는지도 모른다.

누군가가 몇 마디 말로 그대의 상처를 건드리고
아픔을 들추었다 해도 그는 진정한 가해자가 아니다.
그러니 그를 너무 미워하지 말자.
어쩌면 그는 당신에게 더 이상 상처를 숨겨두지 말고
당신의 미래가 더 홀가분하고 행복할 수 있도록
이쯤에서 숨겨둔 상처를 꺼내 도려내고 치유해야 한다는

2장 나는 그동안 무엇을 했던 것일까?

메시지를 보내고 있는 고마운 사람일 수도 있다.
비록 그가 의식적으로 의도한 것이 아닐지라도
결과는 그럴 수 있다.

더욱이 진실은 어느 누구도
타인에 의해 상처받지 않는다는 것이다.

만일 우리가 어느 순간 누군가에게 상처받았다고 느낀다면
그것은 하나의 계기가 되었을 뿐 진실은
자신 안에 있는 무언가에 의해 상처받은 것이다.
어쩌면 상대와 다른 자신만의 견해와 관념 때문일 수도 있고
어쩌면 어설픈 자존심 때문일 수도 있으며
어쩌면 무조건 이기고 싶은 오만과 고집 때문일 수도 있다.

결국 우리를 상처 입힐 수 있는 존재는
오직 자신뿐임을 깊이 이해할 때
삶의 모든 상처는 흔적도 없이 사라질 것이다.

09

가끔은 단호한 태도와
선긋기가 필요해

그대가 나에게 물었다.

"왜 관계가 이토록 어렵게 느껴질까요?"

나는 답했다.

"가끔은 단호한 태도와 선긋기가 필요할 수도 있어."

주변을 둘러보면 누구하고나 쉽고 부드럽게
잘 어울리는 사람이 있고, 그 반대의 사람이 있다.
당신은 어느 쪽인가?
당신이 어느 쪽이든 관계를 맺을 때
더 편안하게 느껴지는 유형의 사람이 있고
더 불편하게 느껴지는 유형의 사람들도 있을 것이다.

괜찮다.
우리는 누구나 자신만의 성향이 있고
그에 따라 사람을 사귈 때 선호도가 달라진다.
그렇지만 당신이 지금 이 순간
남편, 아내, 자녀, 부모, 친구, 연인, 동료, 이웃과의 관계에서
만족하지 못하고 뭔가 새롭게 개선되길 원한다면
그 대상과의 관계에서 당신의 행동양식을 바꾸어야 한다.

이 말은 당신이 지금까지보다
더 넓게 이해하고
더 많이 양보하고
더 깊게 인내해야 한다는 뜻이 아니다.
가끔은
더 넓은 이해보다 단호한 태도가 필요할 수도 있다.
더 많은 양보보다 결연한 선긋기가 필요할 수도 있다.

더 깊은 인내보다 분노의 표현이 필요할 수도 있다.

과거부터 지금까지 이어져온
상대에 대한 당신의 행동양식이 현재의 관계를 형성했다.
그러므로 그 관계가 아프고 힘들어서 무언가 변화를 꿈꾼다면
당연히 당신 행동의 변화가 먼저 선행되어야 한다.
내가 아닌 상대가 먼저 변하길 요구하는 건 불가능한 일이고
그걸 기대하는 건 어리석은 일이며 욕심이다.
상대에 대한 나의 태도가 변한다면
나에 대한 상대의 태도도 바뀔 수밖에 없다.
인간은 상대의 반응에 따라 반응하는 존재이므로.

2장 나는 그동안 무엇을 했던 것일까?

10

누구도 타인의 행동을
변화시킬 수 없다

그대가 나에게 물었다.

"왜 내가 변해야 하나요?"

나는 답했다.

"누구도 타인의 행동을 변화시킬 수는 없기 때문이지."

누구도 타인의 행동을 변화시킬 수는 없다.

오직 자신만 변화시킬 수 있다.

타인이 변하는 건

그들 스스로 변하고자 하는 생각과 의지가 있을 때이거나

그들을 대하는 나의 태도가 달라졌을 때

그에 상응하여 달라지는 그들의 반응에서 오는 변화뿐이다.

우리는 흔히 타인이나 외부적 환경을 관리하고 통제함으로써

자신의 삶을 개선시키려 한다.

이것은 자신의 모습을 바꾸기 위해

자신의 모습을 직접 바꾸지 않고

거울 속 모습을 고치려고 애쓰는 것과 같다.

우리가 진정으로 관찰하고 관리하여야 할 대상은

오직 자신뿐이고

그러기 위해선 자신의 생각과 감정을

더 주의 깊고 섬세하게 알아차려야 한다.

또한 감정을 조절하기 위해서는

자신의 생각과 관점을 변화시켜야 하는데

생각과 감정을 불편한 쪽으로 흐르게 하는

자신의 고정관념을 점검해보아야 한다.

2장 나는 그동안 무엇을 했던 것일까?

고정관념은 색안경과 같아서
그것을 통해 보이는 모든 사람과 상황의 본질을 왜곡시킨다.

싫어하는 유형의 사람이나 상황이 자꾸 당신 삶에 나타나는 이유는
상대가 잘못되었거나 나빠서가 아니라
당신이 내뿜고 있는, 싫어하는 감정의 강렬함 때문이다.
무언가를 극도로 싫어하는 당신의 감정은
무심히 지나칠 수 있는 상황에 당신의 주의를 집중시키고
점점 더 그런 상황을 부각시킨다.
바꾸어 말하면 당신이 무언가를 극도로 좋아한다면
그것 역시 당신의 주의를 집중시키고
더 자주 당신 삶에 나타날 것이다.

좋은 것이든 싫은 것이든 그 감정의 크기가 깊고 강할수록
강력한 집중과 끌림이 형성되어
더 자주 더 많이 비슷한 상황과 사람을
당신 삶 속에 드러나게 한다.
그러니 당신이 싫어하는 것이 있다면 그저 무심해지는 것이 좋다.
싫어하는 깃에 대한 당신의 무심함은
그것으로 향하는 집중의 에너지를 무효화시키고
그리하여 그것들은 더 이상 당신 삶에서
문제가 되지 않을 것이다.

11

교육과 경험을 통해
관념이 형성되다

그대가 나에게 물었다.

"관념은 어떻게 형성되나요?"

나는 답했다.

"교육과 경험을 통해 형성되지."

인간은 내면에 수많은 관념을 가지고 살아간다.
그 관념들은 아주 어린 시절부터
부모와 교사와 사회에 의해 주입된 것들이다.
우리는 자신의 생각과 자유의지로
인생을 살아가고 있다고 생각하지만,
그 생각들의 배경에는 순수한 자신만의 생각이 아니라
다른 이들의 생각이 나의 관념으로 형성되어
선택과 결정에 영향을 미치고 있다.

사람마다 옳고 그름의 기준이 다른 건
살아온 경험치가 다르기 때문인데,
그에 따라 나름대로의 개인적인 관념이 생기고
그 관념이 믿음을 형성한다.
그리하여 우리 모두는 각자 옳고 그름에 대한
다른 믿음과 기준을 가지고
그에 따라 상대와 상황을 비판하고 규정짓는다.

개인의 고정관념은 행복과 불행, 성취와 실패를 결정하므로
인생의 어느 부분에서 마음을 다해 노력하더라도
계속 실패하고 있다면
살펴보아야 할 것은 노력이 아니라 고정관념이다.
당신의 고정관념이 성공보다 실패에 맞추어져 있다면

당신이 아무리 노력해도 성공할 수 없다.

왜냐하면 개인의 관념이 어떻게 형성되어 있느냐에 따라
개인이 받아들이고 믿는 참과 거짓이 달라지기 때문이다.
그것이 진실이든 아니든 상관없이
현재의식이 참이라고 믿는 것은 그대로 잠재의식에 전달되고
잠재의식은 이것을 참으로 인식하고 무조건 실행한다.

그러므로 개인의 관념은 매우 중요한데
흔히 우리가 착각하고 있는 관념 중 하나는
ABCD 각각의 일들이 순차적으로
연관성을 갖고 일어난다는 사실이다.
이는 직선적으로 흐르는 관점에 익숙한
무의식적 착각일 뿐이다.
ABCD를 하나의 직선적인 줄에 꿰어서 생각하지 않고
각각의 단일하고 분리된 사건으로 볼 때
삶에서 일어나는 상황과 사건은 좀더 쉽게 다루어질 것이다.

모든 것은 각각 별개의 사건이고 아무것도 연관되어 있지 않다.
단지 그 사건에 앞선 자신의 생각과 감정만이
유일한 원인이고 조건이다.
원인이 당신의 생각과 감정에 있다는 것은

답도 당신의 생각과 감정에 있다는 뜻이다.

이 원리를 제대로 이해한다면 인생은 훨씬 재미있고 쉬워진다.

결국 자신의 생각과 감정이 인생의 모든 것을 창조한다.

12

우리는
스스로 생각하는 존재가 된다

그대가 나에게 물었다.

"어떻게 생각과 감정이 사건과 상황의 원인이 될 수 있나요?"

나는 답했다.

"결국 우리는 스스로 생각하는 존재가 되기 때문이야."

우리는 흔히 A 때문에 B 할 거야라고 하는
습관적 사고방식을 가지고 있다.
이런 예는 굉장히 많다.

예를 들어
나는 못생겼어.
그래서 아무도 날 사랑하지 않을 거야.

나는 가난해.
그래서 원하는 것을 가질 수 없어.

나는 자식이 없어.
그래서 늙어서 외롭고 비참할 거야.

나는 많이 배우지 못했어.
그래서 사람들은 날 무시할 거야.

하지만 진실은 배우지 못해서 무시당하는 것이 아니라
무시당할 것이라는 자신의 생각 때문에
위축되고 예민해지고 과민 반응함으로써
무시당하는 지극히 개인적이고 주관적인 경험을 하게 된다.
실제로 많이 배우지 못했어도

사랑받고 존경받으며 사는 사람들도 있다.
그런 사람들이 드문 건 많이 배우지 못했어도
나는 사랑받고 존경받으며 살 수 있다고
스스로 믿고 생각하는 사람들이 드물기 때문이다.

부족하고 실수투성이 사람이라도
사람들이 자신을 좋아한다고 진실로 믿는다면
그것은 공상이 아니라 현실이 된다.
결국 우리는 스스로 생각하는 존재가 되고 그렇게 살아간다.

2장 나는 그동안 무엇을 했던 것일까?

13

불편과 고통을
감내하다

그대가 나에게 물었다.

"습관적 사고방식을 어떻게 바꿀 수 있나요?"

나는 답했다.

"마음의 불편과 고통을 감내해야만 해."

지금과 다른 인생을 살고 싶다면 지금과 다르게 생각하고
지금과 다르게 느끼고 지금과 다르게 행동해야 한다.
같은 사고방식과 행동방식은 당연히 같은 결과를 가져온다.
수학 문제를 풀어 오답을 냈다면
같은 계산 과정으로는 같은 오답이 반복된다.
정답을 찾고 싶다면 틀린 계산 과정을 찾아내야 하고
틀린 계산 과정을 옳은 계산 과정으로 바꾸어야 한다.

무릇 습관이란 이미 익숙해진 상태를 일컫는다.
익숙한 그것, 그리하여 습관이 되어버린
그 사고방식과 행동들이 모여 오늘날의 자신을 형성했다.
현재 자신의 모습과 상황이 마음에 들고 흡족하다면
굳이 습관을 바꾸려 애쓸 필요가 없다.
지금의 습관대로 생각하고 행동하면
지금처럼 살 수 있을 것이다.
하지만 현재 자신의 모습과 상황에 만족하지 못한다면
지금까지의 사고습관과 행동습관을 바꾸어야 하지 않을까?
생각을 통해 행동이 나오고
행동을 통해 결과가 나오기 때문이다.

습관을 바꾸기 위해서는
필연적으로 불편과 고통을 감내해야만 한다.

이것은 마치 왼손잡이가 오른손으로 능숙하게
글씨를 쓰고 젓가락질을 할 수 있을 때까지
혹은 오른손잡이가 왼손으로 요리를 하고
배드민턴을 능숙하게 할 수 있을 때까지 연습하는 것과 같다.

이러한 과정을 거칠 때 우리는 누구나
자신에게 익숙하지 않은 방법을 내던지고
익숙한 방법으로 후다닥 해버리고 싶은 충동을 느낀다.
익숙한 방법과 결별하고
익숙하지 않았던 방법과 친해지기 위해서는
그렇게 올라오는 충동들을 외면하고
꾸준히 연습하는 인내와 노력의 시간이 필요하다.

14

욕망은
환영해도 좋은 것이다

그대가 나에게 물었다.

"욕망은 좋은 것인가요? 나쁜 것인가요?"

나는 답했다.

"욕망은 환영해도 좋은 것이다."

욕망은 환영해도 좋은 것이다.

욕망은 인간을 움직이게 하는 강력한 원동력이다.

욕망이 클수록 움직이게 하는 에너지도 비례하여 커지고

추진력도 높아진다.

욕망은 탐욕이 아니며 죄악도 아니고 벌도 아니다.

욕망이 있기에 인간은 소망을 품고 움직이고

성취의 기쁨을 체험한다.

욕망이 탐욕이 되어 잘못된 결과를 가져오는 이유는

자신의 욕망을 잘못 해석해서이다.

욕망은 인간을 앞으로 나아가게 하는 동력이고

나아갈 방향성을 제시해준다.

욕망이 없다면 인간은 어떻게 무엇으로 움직일 것인가.

그러므로 인간의 욕망은 억압하고 숨겨야 할 무엇이 아니라

표현하고 성취해야 할 길이다.

억압해야 할 대상이 아니라 허용하고 환영해야 할 대상이다.

왜냐하면 욕망은 곧 소망이기에.

욕망과 충동은 창조자의 에너지이며

존재를 나아가게 하고 움직이게 하는 힘이다.

욕망은 기피하고 맞서 싸워야 할 무엇이 아니라

환영하고 받아들여야 할 에너지이다.

또한 신은 인간의 내부에 욕망을 심고
그 욕망이 펼쳐질 길도 함께 마련해놓았다.
모든 욕망은 인간 생각의 한계로 싹이 나기도 전에 억제되거나
맘껏 자라지 못하게 가지치기가 되지 않는 한
스스로의 힘으로 싹을 틔우고 꽃을 피우고
열매를 맺을 힘을 갖고 있다.
그렇기에 모든 욕망은 문제가 아니라 답이다.

15

결핍은 성장을 위한
문제지이다

그대가 나에게 물었다.

"개인의 삶에서 결핍은 어떤 의미가 있을까요?"

나는 답했다.

"결핍은 성장을 위한 문제지이다."

욕망은 결핍에서 생성된다.

인간의 가슴속에 욕망이 남아 있다는 건

바라는 바가 완전히 성취되지 않았음을 뜻하며

아직 실현할 무언가가 남아 있다는 뜻이다.

바라는 바가 완전히 성취된다면

욕망은 더 이상 힘을 잃고 흔적도 없이 사라질 것이다.

또한 욕망이 완전히 성취되지 않았다는 것은

바라는 것과 자신을 완전히 일치시키지 못했다는 뜻이다.

결핍은 개인을 성장시키기 위한 문제지와 같다.

삶의 어느 부분에서 결핍은 한계와 장애물의 역할을 하고

개인은 그러한 한계와 장애물을 극복하고

자신이 원하는 것을 성취해나가는 과정을 통해

결핍을 풍요로 바꾸고 한계를 자유로 성취할 힘을 얻는다.

겉보기에 결핍이라고는 전혀 없을 것 같은 누군가도

나름대로의 결핍을 안고 살아가고

거기에서 비롯된 욕망을 통하여 움직이고 성장해간다.

결핍은 유형의 물질이나 무형의 감정들로 인해 비롯되지만

그것을 넘어서는 것은

물질이나 감정의 획득을 통해서가 아니라

결핍에 속박된 자신의 생각을 넘어섬을 통해서이다.

모든 인간은 생각의 감옥 속에 갇혀 있는데
사실 그 생각들은 모두 자신이 선택한 생각들이다.
결국 자신의 생각으로 출구 없는 감옥을 만들고
자신이 갇힌 것이다.
그 감옥에서 어떻게 벗어나 완전한 자유를 성취할 수 있을지가
개인의 영혼이 풀어야 할 과제이다.

개인이 느끼는 결핍 역시 개인이 선택한 생각의 하나이기에
진정 자유롭고 싶다면
자신이 만든 견고한 생각의 감옥을 부수고
탈출할 수 있어야 한다.
결핍의 한계를 극복하고 완전한 자유를 성취하는 과정을 통해
개인은 존재의 목적과 삶의 목적을 성취할 수 있다.
자신의 생각으로부터 자유로워진 사람이
진정 자유로운 사람이다.

3장

우리가 몰랐던 것들, 알아야 할 것들

01

시간은
존재하지 않는다

그대가 나에게 물었다.

"시간의 시작과 끝은 언제인가요?"

나는 답했다.

"시간은 존재하지 않는다."

시간은 존재하지 않는다는 것을 이해하는 데
몇 년의 세월이 걸렸다.
시간은 공간과 함께일 때만 존재할 수 있다.
시간과 공간은 동전의 앞면과 뒷면처럼 공존하며
동일한 하나를 일컫는 다른 개념이다.
물리학에서는 시간과 공간을 분리해서 말하지 않고
시공간 연속체라는 용어를 사용하기도 한다.

의식의 차원, 참 존재의 차원에서 시간은 존재하지 않는다.
모든 것은 동시에 펼쳐지고 영원은 순간과 동일하다.
이미 일어났다고 여겨지는 과거도
아직 일어나지 않았다고 여겨지는 미래도
가능성의 장에 완전히 펼쳐져 있고
태초에 모든 것이 완료되었다.
단지 인간의 관점에서 시차를 두고 경험하게 될 뿐이다.
물론 이것은 이해하기 어려운 관점이다.
하지만 아인슈타인의 상대성이론 역시
시간은 없다고 주장하지 않았는가?

최초의 근원이 나뉘지 않은 온전하고 유일한
하나의 상태였을 때
하나는 하나이면서 전체였다.

그 하나가 둘로 나누어졌을 때 둘 사이에
간격이 존재하게 되었고 간격은 공간이 되었다.
그와 더불어 공간을 이동하는 데 걸리는 시간이라는 것이
존재하게 되었다.

공간은 물질이 생기면서
물질과 물질 사이에 존재하는 개념으로 등장했고,
시간은 공간이 생기면서
공간과 공간을 이동하는 데 소요되는 개념으로 나타났다.
즉, 공간은 물질의 존재와 함께 시작되었고,
시간은 공간의 존재와 함께 시작되었다.

3장 우리가 몰랐던 것들, 알아야 할 것들

현실이란
실재가 아니라 허상이다

그대가 나에게 물었다.

"현실이란 무엇입니까?"

나는 답했다.

"현실이란 실재가 아니라 허상이야."

우리가 현실이라 믿고 있는 모든 상황이
사실은 놀이동산 유령의 집에 있는 유령들과 같다.
우리는 실재가 아닌 허상을 보고
실재라고 착각하고 있는 것이다.
놀이동산 유령의 집에 있는 유령들은
우리 눈에 보이지 않는 전기의 힘으로
마치 진짜인 듯 눈속임을 하며 작동하고 있다.
누군가 전기에너지를 차단하면
그 즉시 모든 유령들이 움직임을 멈추고
허상임을 드러낼 것이다.

삶 속에 나타나는 모든 상황 역시 실재가 아니라 허상이다.
하지만 그 모든 것들을 작동시키는 에너지원이
눈에 보이지 않게 숨겨져 있기 때문
우리는 이 모든 것들을
자신의 힘으로는 어떻게 할 수 없는 실재라고 생각하는 것이다.

그렇다면 원하지 않는 상황이 현실에 펼쳐질 때
어떻게 하면 그 상황들을 멈추게 할 수 있을까?
또 어떻게 하면 여기에서 한 걸음 더 나아가
그 상황들을 우리가 원하는 방향으로 변화시킬 수 있을까?
그것들을 움직이게 하는 에너지원을 찾아 차단하면 된다.

3장 우리가 몰랐던 것들, 알아야 할 것들

그다음 자신이 원하는 대로 다시 작동시키면 된다.

그러기 위해서 가장 먼저 해야 할 일은 무엇일까?

보이는 현상 너머로 근원이 되는 에너지원이

존재함을 알고 인식해야 한다.

또한 그 에너지원을 내 의지대로 멈추게 할 수도 있고

작동시킬 수도 있는 것이라는 사실을 알고 이해하여야 한다.

그런데 현재 우리는 이것을 제대로 이해하지 못하고 있다.

더 큰 문제는

자신이 이해하지 못하고 있다는 사실조차 모른다는 것이다.

이제 우리는 그동안 한 번도 의심해보지 않았던

현실이라는 것에 대한 자신의 이해를 의심해봐야 하지 않을까?

근원에 대한
바른 이해가 필요하다

그대가 나에게 물었다.

"무엇을 이해해야 하나요?"

나는 답했다.

"근원에 대한 바른 이해가 필요하다."

실내를 따뜻하게 하고 싶다면

난방을 조절할 수 있는 온도조절기라는 시스템이 있다는 것을

인식하는 것이 먼저이다.

그다음 온도조절기의 작동 방법을 이해하고 숙지해야 한다.

그래야만 자신이 원하는 대로 방을 따뜻하게 만들 수 있다.

따뜻한 물로 샤워를 하고 싶다면

물의 온도를 조절할 수 있는 시스템이 있음을 인지하여야 하고

그것을 활용할 수 있는 이해가 갖추어져야 한다.

하지만 아무리 온도조절기라는 도구의 사용법을 숙지하여도

근원이 되는 에너지가 무엇인지를 이해하지 못한다면

제대로 안다고 할 수 없다.

태어나서 몇십 년을 사막에서만 살던 사람이

어떤 기회가 되어 문명사회에 초대받게 되었다.

따뜻한 물과 시원한 물이 원하는 대로 펑펑 쏟아지는

샤워시설에 감탄한 그는 다시 사막으로 돌아갈 때가 되자

욕실에 있는 수도꼭지를 떼서 돌아갔다.

그는 물이 귀한 자신의 고향인 사막에서

물이 펑펑 나오는 수도꼭지를 사용할 것을 상상하며

부푼 기대를 안고 돌아갔지만 어떻게 되었을까?

빈 수도꼭지에서 원하는 물이 펑펑 쏟아져 나왔을 리 만무하다.

그는 물을 나오게 하는 에너지원이 수도꼭지라고
잘못 이해한 것이다.

수도꼭지는 물을 조절할 수 있는 하나의 도구일 뿐이지
에너지원 자체는 아니다.
제대로 물을 사용하고 싶다면 수도꼭지의 사용법과 함께
물의 근원을 먼저 이해해야 한다.
근원에 대한 올바른 이해가 없다면
아무리 유용한 도구라도 무용지물이다.
그런데도 우리는 근원에 대한 아무런 의문도 의심도 없이
수도꼭지를 붙잡고 씨름하고 있다.
이제 만물을 존재하게 하는 근원이 무엇인지
숙고해봐야 하지 않을까?

3장 우리가 몰랐던 것들, 알아야 할 것들

허상은 스스로 변화하고
성장할 수 없다

그대가 나에게 물었다.

"허상이란 무엇인가요?"

나는 답했다.

"스스로 변화하고 성장할 수 없는 것들은 허상이다."

스스로의 생명력으로 성장하고 변화할 수 없는
모든 것들은 허상이다.
스스로의 의지와 힘으로 창조되지 않은
모든 것들은 허상이다.

알파고가 아무리 똑똑하고
인간의 지능을 능가하는 지능을 가졌더라도
그것은 실재가 아니라 허상이다.
그것을 움직이게 하는 전기에너지를 차단하는 순간
순식간에 그것은 생각할 수도 움직일 수도 없는
하나의 고철 덩어리로 돌아갈 것이다.

놀이동산에 있는 모든 인형들 역시 허상이다.
인형의 움직임을 바꾸기 위해
그 몸통을 붙잡고 씨름하는 것은 어리석은 일이다.
인형의 움직임을 멈추게 하고 싶다면
허상에 불과한 그 몸체를 붙들고 씨름할 필요가 없다.
근원이 되는 전기에너지를 차단하기만 하면 된다.

이러한 원리는 너무나 쉽고 단순해서
성인이라면 누구나 알 수 있다.
이러한 허상에 속고 있는 것은 어린아이뿐이다.

하지만 여전히 어린 영혼인 우리는
이 원리를 자신의 삶에 적용시키지 못하고 있다.

이 원리를 진실로 이해하고 삶에 적용시킬 수 있다면
원치 않는 상황에 맞닥뜨렸을 때
더 이상 허상에 불과한 그 상황들을
붙잡고 씨름하지 않게 된다.
이것이 온 힘을 다해 애쓰고 있음에도
삶이 더 좋아지지 않는 이유이다.
우리는 지금 허상을 붙잡고 씨름하고 있는 중이다.

05

어디에나 있고
언제나 있다

그대가 나에게 물었다.

"실재는 어디에 있습니까?"

나는 답했다.

"그것은 어디에나 있고 언제나 있다."

그럼 우리가 실재라고 철석같이 믿고 있는 현실을 창조하는
근원에너지는 무엇이고 어디에 있을까?
현실의 모든 물질과 상황을 창조하는 근원에너지는 의식이다.
근원 에너지로서의 의식은
우리의 내부에도 있고 외부에도 있다.
어디에나 있고 언제나 있다.
이 의식이 모든 것을 창조하는 근원에너지이다.

근원의식이 없었다면
나도 당신도 하늘도 땅도 별도 나무도 꽃도
존재하지 못했을 것이다.
만물을 생성하고 움직이게 하는 실재는 오직 근원의식뿐이다.
이 근원의식은
개체로서의 한 존재 속에 들어와 생명으로 표현된다.
그리하여 나의 의식은 당신의 의식과 연결되고
개인의 의식은 우주의 의식과 연결된다.

유일한 실재로서의 근원의식은
나라는 개체 속으로 들어와 나로 표현되었고
당신이라는 개체 속으로 들어가 당신으로 표현되었다.
근원의식이 나와 당신과 해와 달과 별과 꽃들을 창조하였듯이
나라는 존재 속으로 들어온 근원의식은

나의 의식이 되어 나의 삶을 창조하고
당신이라는 존재 속으로 들어간 근원의식은
당신의 의식이 되어 당신의 삶을 창조한다.

우리는 나와 당신이 같은 세상 속에 살고 있다고 확신하지만
그것은 세상 속에 나와 당신이 속해 있다는 믿음 때문이다.
그러한 믿음은 눈에 보이는 육체로서의 나와 당신이
존재의 전부라는 잘못된 믿음에서 연유한다.
근원의식이 존재의 본질임을 인식한다면
더 이상 나와 당신은 세상 속에 속하지 않는다.
나의 세상은 나에게 속하고, 당신의 세상은 당신에게 속하며
그리하여 나의 세상과 당신의 세상은 다르게 구축된다.

06

앍이 부족하면
믿음은 흔들릴 것이다

그대가 나에게 물었다.

"믿음에 대해서 이야기해주실 수 있나요?"

나는 답했다.

"앍이 부족하면 믿음은 때때로 흔들릴 것이다."

날마다 많은 사람들이 믿음을 요구하며
믿음의 필요성에 대해 생각하고 이야기한다.
또한 믿기 위해 의도적인 노력을 한다.
그런데 왜 우리는 믿고자 함에도 믿기가 힘든 걸까?
알지 못하기 때문이다.
앎과 믿음은 다르다.
앎에는 믿고자 하는 의도적인 노력이 필요하지 않다.

가령 어느 날 한밤중에 당신이 잠에서 깨었는데
아버지가 작은 상자 하나를 들고 지하 창고로 간다.
궁금해진 당신은 살금살금 따라가 무엇을 하는지 살펴본다.
아버지는 창고 안쪽 액자 뒤편의 비밀금고에
상자를 넣어두고 방으로 돌아온다.
아버지가 잠든 동안 당신은 금고를 열고
상자 속에 예금 통장과 값비싼 보석들이 있음을 확인한다.
며칠 후 어느 날 아버지는 자녀들을 모아놓고
너희들의 미래를 위해
충분한 학자금과 결혼자금을 미리 준비해놓았으니
아무 걱정하지 말고 즐겁게 살라고 이야기한다.
하지만 한평생 힘들게 산 아버지를 보며 자라온 자녀들은
그 말을 믿기 힘들다.
자꾸 자신의 미래가 걱정되고 불안해진다.

하지만 그것을 직접 눈으로 본 당신은
믿기 위해 애쓸 필요 없이
이미 알고 있기에 안심하고 편안한 마음으로 살 수 있다.

하지만 당신에게 이러한 앎이 없다면
당신의 믿음은 때때로 흔들릴 것이다.
당신은 아버지의 말씀을 믿기 위해 애써 노력해야 할 것이고
더 나아가 자신의 운명에 대한 믿음을 갖기 위해
노력해야 할 것이다.
세상 모든 일이 비슷하다.
당신이 자신의 삶을 믿지 못하여
시시때때로 흔들리고 불안해하는 건
혹은 자녀의 삶을 믿지 못하여 재촉하고 다그치는 건
삶을 움직이고 창조하는 근원에 대한 앎이 부족하기 때문이다.

07

믿음이
운명을 만든다

그대가 나에게 물었다.

"운명을 바꿀 수 있나요?"

나는 답했다.

"믿음을 바꿀 수 있다면 운명도 바꿀 수 있다."

많은 사람들이 자신의 미래를 알고 싶어한다.
그래서 미래를 예언해준다는 이곳저곳을 찾아
호기심과 기대를 가지고 기웃거린다.
들을 때는 귀가 솔깃하지만
시간이 어느 정도 지나고 나면
다시 원점으로 돌아온 기분이 든다.

'운명은 바꿀 수 있을까?'
태곳적부터 수많은 사람들이 품었던 의문이다.
당신은 어떻게 생각하는가?
나에게 묻는다면 나는 답할 것이다.
Yes라고.

자신에 대한 믿음이 자신의 운명을 만든다.
이 말을 바꾸어 말한다면
자신에 대한 믿음을 바꿀 수 있다면
운명도 바꿀 수 있다는 뜻이다.

자신에 대한 믿음이란 자신에 대한 인식이다.
당신이 생각하기에 당신은 어떤 사람인가?
대범한 사람인가? 소심한 사람인가?
능력 있는 사람인가? 무능력한 사람인가?

잘생긴 사람인가? 못생긴 사람인가?

부유한 사람인가? 가난한 사람인가?

마음이 큰 사람인가? 마음이 작은 사람인가?

인기 있는 사람인가? 인기 없는 사람인가?

당신이 어떤 답을 하던 당신이 옳다.

당신은 당신이 인식하고 있는 바로 그 사람이다.

혹여 지금은 그런 사람이 아닐지라도

조만간 당신의 믿음에 적합한 사람이 되어갈 것이다.

우리의 믿음은 우리 몸을 구성하는 세포 하나하나에 전달되고

전달된 정보는 잠재의식이 되어

그 정보에 부합한 상황을 현실화하기 때문이다.

08

자신의 인식이
자신의 존재를 결정한다

그대가 나에게 물었다.

"인식은 어떻게 작용합니까?"

나는 답했다.

"자신의 인식이 자신의 존재 상태를 결정한다."

당신의 인간관계가 고통스럽고 불행한 이유가
당신의 인식 때문이라면
당신은 말도 안 되는 소리라며 화를 낼 것이다.
당신이 건강하지 못한 이유가 당신의 인식 때문이라면
당신은 엄청나게 억울해할 것이다.
당신이 사랑받지 못하는 이유가 당신의 인식 때문이라면
당신은 분노할 것이다.
당신이 가난한 이유가 당신의 인식 때문이라고 하면
당신은 그럴 리가 없다고 펄쩍 뛸 것이다.
당신이 하는 일마다 잘 안 되는 이유가 당신의 인식 때문이라면
당신은 나에게 소리 지르고 싶어질 것이다.

하지만 그것은 진실이다.
당신의 풍요롭고 행복한 삶을 방해하는 이는 오직 당신뿐이다.
당신이 알고 하든 모르고 하든
당신이 의식적으로 하든 무의식적으로 하든 간에
당신을 고통스럽고 불행하게 만드는 사람은 오직 당신뿐이다.
당신 외에 그 누구도 당신의 삶을 좌지우지할 수 없다.
오직 당신 안에 내재한 당신의 인식이
그 모든 것들을 결정한다.

'나는 아픈 사람이야'라는 당신의 인식이

당신을 아픈 사람으로 고정시킨다.
'나는 사랑받지 못하는 사람이야'라는 당신의 인식이
당신을 사랑받지 못하는 사람으로 고정시킨다.
'나는 가난한 사람이야'라는 당신의 인식이
당신을 가난한 사람으로 고정시킨다.

언제나 당신 자신에 대한 당신의 인식은
당신에게 스스로를 규정하게 하고
그 인식이 계속 그 상태에 머무른다면
당신이라는 존재는 그 상태에 고정된다.
왜냐하면 당신의 인식이
당신의 잠재의식을 형성하기 때문이다.
그렇기에 당신의 존재 상태를 변화시키고 싶다면
당신의 인식을 먼저 변화시켜야 한다.

09

인식이 바뀌면
상태도 변화한다

그대가 나에게 물었다.

"상태를 변화시킬 수 있나요?"

나는 답했다.

"자신의 인식이 바뀌면 상태도 변화한다."

우리는 인간이 스스로 생각하고
의지를 가지고 행동하는 생명체라고 믿고 있지만
그것은 일부만이 진실이다.
인간은 의식적으로 깨어서 행동할 때
스스로의 생각과 의지를 가진 살아 있는 생명체이다.
하지만 무의식적으로 행동할 때면
그저 프로그래밍 된 컴퓨터나 로봇일 뿐이다.

과학기술이 급속도로 발달하면서
인간과 구별하기 힘들 만큼 비슷한 피부와 눈동자
그리고 감정까지 가진 로봇이 생산될 것이다.
그런데 사실 무의식적으로 행동할 때의 우리는
이러한 인공지능 로봇과 별반 다르지 않다.
많은 사람들이 대부분의 시간을
인공지능 로봇처럼 생활하고 있다.

즉, 나라는 컴퓨터에 잘못된 프로그램이 깔려 있고
그로 인해 내가 아무리 건강 버튼을 눌러도 질병이 출력된다.
아무리 사랑 버튼을 눌러도 무관심과 비난이 출력되며
아무리 풍요 버튼을 눌러도
가난과 결핍이 출력되고 있는 것이다.

'나는 사랑스러운 사람이야'라는 당신의 인식은
당신을 사랑스러운 사람으로 변화시킬 것이다.
'나는 똑똑하고 현명한 사람이야'라는 당신의 인식은
당신을 똑똑하고 현명한 사람으로 변화시킬 것이다.
'나는 건강한 사람이야'라는 당신의 인식은
당신을 건강한 사람으로 변화시킬 것이다.
'나는 부유한 사람이야'라는 당신의 인식은
당신을 부유한 사람으로 변화시킬 것이다.

그렇기에 상태를 변화시키고 싶다면
자신의 인식을 점검해보아야 하고
자신의 인식을 소망에 맞추어 의도적으로 변화시켜야 한다.

3장 우리가 몰랐던 것들, 알아야 할 것들

10

그대는 거울을 붙잡고
씨름하고 있다

그대가 나에게 물었다.

"이토록 애쓰는데 왜 현실은 바뀌지 않나요?"

나는 답했다.

"그대는 거울을 붙잡고 씨름하고 있다."

거울은 왜 필요한가?

나를 비추고 나를 보기 위해서다.

거울에 비친 나의 모습을 살펴봄으로써

내가 원하는 모습과 원하지 않는 모습을 구분해낸다.

옷차림이 마음에 들지 않으면 바꾸어 입을 것이고

화장이 마음에 들지 않으면 고칠 것이다.

헤어스타일이 마음에 들지 않으면 다시 손볼 것이고

뚱뚱한 체형이 마음에 들지 않으면

다이어트를 해야겠다고 마음먹을 것이다.

이때 내 모습의 변화를 위해 거울 속으로 손을 집어넣어

나를 고치려는 무모한 행동을 하는 사람은 없다.

거울은 그저 내 모습을 비춰주는 하나의 도구일 뿐이고

거울 속에 비친 모습은 실재가 아니라

그저 나를 비춘 상임을 우리는 모두 알고 있다.

거울 속에 비친 자신의 모습이 마음에 들지 않는다고

거울을 향해 화를 내거나 부숨으로써

상황을 바꾸려고 하는 사람이 있다면

우리는 그를 향해 제정신이 아닌 사람이라고 할 것이다.

그런데 우리가 일상생활 속에서 매일 하고 있는 일은

이와 결코 다르지 않다.

우리는 매일 매 순간 거울을 붙잡고 고민하며 씨름하고 있다.

현재의 상황을 바꾸기 위해서는

거울로 향하는 시선을 거두어들이고

자신의 내면으로 시선의 방향을 돌려야 한다.

지금 당신 앞에 서 있는 이가 마음에 들지 않는다면

그에게로 향하는 비판과 비난의 시선을 거두어들이고

자신의 내면으로 시선을 돌려서

나의 내면의 무엇이 지금 상대를 보며

마음을 불편하게 하고 있는가를 점검해보아야 한다.

지금 당신 앞에 펼쳐진 상황과 사건들이 마음에 들지 않는다면

외부로 향하는 불평을 거두어들이고

그러한 상황과 사건을 끌어들인

내면의 인식을 점검해보아야 한다.

자신이 씨름하고 있는 현실이 실재가 아니라

거울임을 자각한다면 본질이 보일 것이다.

11

깊은 잠에서
깨어나다

그대가 나에게 물었다.

"자각이 왜 중요합니까?"

나는 답했다.

"깊은 잠에서 깨어나기 위해서지."

우리는 자신이 무의식적으로 생각하고 행동한다는 사실을
거의 자각하지 못한다.
잠자는 시간을 제외한 대부분의 시간을
의식적으로 깨어서 생각하고 행동한다고 믿고 있지만
그렇지 않다.
수면 상태에 있지 않을 때조차
의식적으로는 깨어 있지 못하고 잠들어 있는 상태일 때가 많고
그리하여 무의식적으로 생각하고 행동할 때가 많다.

지금 당장 우리가 해야 할 일은
무의식이라는 자신의 컴퓨터에 설치된 프로그램을 확인하여
잘못 입력된 프로그램을 찾아내는 것이다.
그럼 잘못 입력된 프로그램을 분류하는 기준은 뭘까?
자신의 느낌, 즉 감정이다.
어떤 부분에서 내면의 감정이 불편하고 평화롭지 못하다면
그것과 관련된 프로그램에 오류가 있는 것이다.

어쩌다 한 번 불편해지는 것이 아니라
일 년 열두 달 지속적으로
건강, 일, 인간관계, 사랑, 우정, 돈 등에서
평화롭지 못하고 불편과 고통을 느끼고 있다면
그 부분에 대한 무의식을 자각하고 점검해볼 필요가 있다.

그런 다음 잘못 입력된 프로그램을 삭제하고
새롭게 올바른 프로그램을 설치하는 것이다.
그런 후에야 비로소 올바른 출력물을 손에 받아 쥘 수 있다.
그렇지 않다면
풍요를 원해도 가난을,
건강을 원해도 질병을,
사랑을 원해도 비난을
출력하게 될 것이다.

우리는 모두 오랫동안 깊이 잠들어 있었고
이제는 깨어날 때가 되었다.
깨어남을 위해선 내가 잠들어 있었음을 자각해야 하고
무의식적으로 생각하고 행동하는
모든 순간들을 자각할 수 있어야 한다.
자각은 인간을 무의식의 상태에서
의식의 상태로 들어 올려줄 것이고
이때에야 비로소 우리는 진실로 원하는 삶을
살 수 있을 것이다.

3장 우리가 몰랐던 것들, 알아야 할 것들

12

우주의 중심은 나이고,
나이어야 한다

그대가 나에게 물었다.

"우주의 중심은 어디인가요?"

나는 답했다.

"우주의 중심은 나이고, 나이어야 한다."

삶에서 일어나는 모든 문제는
나와 타인과의 관계에서 일어나는 일이 아니라
나와 나 자신과의 관계에서 일어나는 일이다.
아울러 나와 우주와의 관계,
나와 근원과의 관계에서 일어나는 일이다.

타인은 아무 관계도 없고
타인은 나에게 어떤 영향도 미치지 못한다.
타인의 말이나 행동으로 인해 당신이 힘들고 고통스럽다면
고통의 참된 원인은 타인의 말과 행동이 아니라
그 말과 행동에 반응하는 당신 안의 해결되지 않은 무언가이다.
즉, 당신 내부에 해결되지 않은 당신의 문제가 있고
그것들이 타인의 말과 행동에 의해 드러났을 뿐이다.

결국 타인의 말과 행동은 당신 고통의 원인이 아니라
당신의 문제를 보여주는 촉매제일 뿐이다.
혈액 검사를 할 때 어떤 약품을 혈액에 떨어뜨려서
어떻게 반응하는가를 보고 혈액형을 판별해낸다.
그 약품이 혈액은 아니다.
단지 혈액을 구분할 수 있는 도구로 사용될 뿐이다.
타인의 말과 행동에 분노가 올라온다면
그 말과 행동이 당신 안의 무언가를 건드린 것이다.

3장 우리가 몰랐던 것들, 알아야 할 것들

그 무언가는 미해결된 상태로 당신 안에 숨겨져 있었고
언젠가는 해결해야 할 과제였을 뿐이다.

우리가 우리 자신으로 살아가기 위해서는
언제나 자신의 중심에 뿌리내리고 살아야 한다.
그러지 않으면 시시때때로
타인의 말과 생각과 평가에 흔들리며 사는
부평초 같은 삶을 살게 될 것이다.
그리고 이것은 존재의 목적을 이루지 못하는 결과로
이어질 것이다.

어떤 경우에도 자신의 중심을 잊어버리지 않고 기억해내는 것.
그리하여 자신의 중심에 굳건히 뿌리내릴 수 있도록
자신을 단단하게 키워가는 것.
이것이 반드시 이루어야 할 존재의 과제이다.

13

예언이란
현재 에너지를 읽는 것이다

그대가 나에게 물었다.

"예언은 어떻게 이루어지나요?"

나는 답했다.

"예언은 현재의 에너지를 읽는 거야."

우리는 누구나 자신만의 독특한 에너지를 품고 있다.

개인의 모든 생각과 느낌은 하나의 에너지이다.

그것은 눈으로 볼 수 있는 구체화된 물질은 아니지만

느낄 수는 있다.

사람에 따라 이러한 느낌에 좀더 예민한 사람이 있고

덜 예민한 사람이 있을 뿐이다.

예언자는 이러한 에너지를 느끼고 읽는 감각이

좀더 발달한 사람이다.

인간은 눈에 보이는 구체적 형상으로서의 육체 외에

좀더 넓은 범위를 차지하고 있는 감정체와 생각체가 있는데

이것은 타인의 감정체와 생각체와 겹쳐진다.

이 과정에서 에너지를 읽는 감각이 발달한

예언자의 성향을 가진 자들은

타인의 감정체와 생각체를 공유하고 읽게 된다.

이때 예언자가 읽는 내용들은 당신이 가지고 있는

감정과 생각의 종류에 따라 달라진다.

당신에게서 내뿜어져 나오는 에너지체를 읽는

예언자의 이야기를 당신이 믿음으로써

당신은 불완전했던 생각과 감정을 더 견고히 확신하게 되고,

그렇게 두터워진 당신의 믿음으로 인해

인생은 왜 힘든 걸까

당신의 미래에 대한 예언이 이루어지는 것이다.

그러므로 우리가 반드시 알아야 할 것은

자신의 믿음이 자신의 운명을 만든다는 것이다.

자신의 운명을 바꾸고 싶다면

자신에 대한 믿음을 먼저 바꾸면 된다.

당신이 생각하는 당신은 어떤 사람인가?

아니 어떤 사람이고 싶은가?

당신이 원하는 당신이 되었음을 믿고 확신할 수 있다면

당신의 운명은 그렇게 이루어질 것이다.

14

모든 가능성이
동시에 펼쳐져 있다

그대가 나에게 물었다.

"그렇다면 미래는 바뀔 수 있다는 것인가요?"

나는 답했다.

"모든 가능성은 동시에 펼쳐져 있어."

모든 것은 동시에 펼쳐져 있고 모든 일은 이미 완료되었다.

백화점에는 식품, 의류, 가전제품 등

수많은 물건들이 동시에 진열되어 있다.

하지만 우리는 그 모든 것을 동시에 경험할 수 없다.

나의 선택에 따라 순차적으로 경험할 수 있을 뿐이다.

이것은 단지 물질에만 적용되는 원리가 아니다.

상황과 사건에도 동일한 원리가 적용된다.

인간이 상상할 수 있는 모든 상황과 사건은

우리 눈에 보이지 않는 영역에서 이미 창조되어 있다.

다만 그것들은 아직 당신이 선택하지 않았기 때문에

당신 눈앞에 나타나지 않고

언제든지 당신이 원하기만 하면 나타날 수 있는

준비 완료의 상태로 대기 중인 것이다.

마치 아직 당신이 주문하지 않았기 때문에

당신 삶에 들어오지 않고

쇼핑몰에서 대기 중인 상태로 기다리고 있는 완제품들처럼.

아직 어부가 잡지 않아서

물속을 헤엄쳐 다니고 있는 물고기처럼.

마찬가지로 우리의 삶에서도

우리가 상상할 수 있고 경험할 수 있는 수많은 상황과 사건들이 가능성의 장에서 잠재적 상태로 동시에 펼쳐져 있다.
다만 개인의 선택에 따라 순차적으로 경험할 뿐이다.
그것은 육체를 입고 있는 인간 의식의 조건이고 한계이다.

존재하고 있지만 존재하지 않는 듯 여겨지는
수많은 그 무엇과 같이
당신이 상상 가능한 모든 물질과 사건과 상황들은
준비 완료되었지만 당신에게 아직 경험되지 않은 상태로
당신이 선택해주기를 기다리고 있다.
그러니 우리가 할 일은
원하는 것을 명확하게 인지하고 선택하는 것이다.

15

의식은 과거와 미래를
넘나들 수 있다

그대가 나에게 물었다.

"모든 것이 동시에 펼쳐져 있다면 과거는 어떻게 다루어야 하나요?"

나는 답했다.

"의식은 과거와 미래를 넘나들 수 있다."

간혹 영화 속에서 주인공이 타임머신을 타고 과거로 돌아가
과거의 어느 한 부분을
자신이 원하는 방향으로 바꾸는 장면이 나오는데
과거가 바뀜에 따라 현재와 미래가 바뀐다.
그런데 사람들은 이것을 영화 속에서만 가능하다고 여긴다.
혹은 미래의 어느 날 인류의 과학 기술이 더 발달하여
실제로 타임머신이 발명됐을 때나
가능한 이야기라고 생각한다.

그렇지 않다.
타임머신을 이용해 과거로 돌아가서 한 사건을 바꾸고
미래를 변화시키는 건 지금 이 순간 할 수 있다.
단지 타임머신이란 것이
반드시 물리적 실체가 있는 어떤 기구여야 한다는
사람들이 갖고 있는 무의식적 믿음만 내려놓으면 된다.

이 모든 것은 인간의 의식 속에서 가능하고
그것은 외부 세상에서의 결과로 이어진다.
인간의 내부에서 일어난 모든 생각과 느낌들은
얼마간의 시차를 두고 외부에서 구현된다.
그러니 과거를 변화시키고 싶다면
상상이라는 내부세계의 타임머신을 타고

인생은 왜 힘든 걸까

당신이 바꾸기를 원하는 과거의 순간으로 돌아가보자.

편안하고 이완된 자세에서 눈을 감고

현실감이 느껴지도록 구체적인 상황을 묘사해가면서

원하는 방향으로 상상 속 과거의 상황을 재구성해본다.

그중 가장 마음에 드는 완성된 한 장면을 포착하여

잠재의식에 새겨질 만큼

지속적으로 이미지를 유지하는 것이 중요하다.

하루 이틀 만에 안 될 수도 있다.

하지만 몇 주간 반복하다 보면

그 장면이 자연스럽게 느껴지는 순간이 온다.

그런 다음 변화한 미래의 모습을 같은 방법으로 상상하고

원하는 한 순간을 포착해

잠재의식에 각인될 만큼 이미지를 유지한다.

어느 순간 충분히 인식되었다는

자연스러운 느낌과 만족감이 들 것이다.

그러면 이제 그 장면을 놓아주고 일상으로 돌아가자.

적당한 때가 되면

그 이미지는 실체의 옷을 입고 현실에 드러날 것이다.

이것이 인간의 의식 속에서 내면의 타임머신을 타고

과거로 돌아가 미래를 바꾸는 방법이다.

3장 우리가 몰랐던 것들, 알아야 할 것들

4장

나는 세상을 거꾸로 본다

01

우리는 서로
다른 세계에서 살고 있다

그대가 나에게 물었다.

"우리가 살고 있는 세계는 어떤 곳인가요?"

나는 답했다.

"우리는 서로 다른 세계에서 살고 있다."

꽃 한 송이를 바라볼 때

당신과 내가 보는 꽃이 같아 보이지만

그 꽃을 보며 당신이 떠올리는 생각과 감정들은

내게 떠오르는 생각과 감정들과 다르다.

설사 당신과 내가 그 꽃을 보고

'아름다워'라는 동일한 언어로 표현한다고 해도

그 말을 할 때 당신의 가슴속에 떠오르는 심상과 느낌은

나의 그것과는 같지 않다.

당신과 내가 같은 해변에 앉아

같은 바다를 바라보며 저무는 노을빛에 빠져 있다고 해도

당신의 가슴속을 일렁이는 감정과 머릿속을 스치는 생각들이

나의 그것들과 동일하지는 않다.

당신과 내가 보는 세계는 같지 않으므로

우리는 모두 서로 다른 세계 속에서 살고 있다.

모든 개인은 각자의 방식으로

세계를 보고, 이해하고, 인식한다.

자신의 믿음과 생각을 투영하여 세상을 해석하고

그 믿음과 생각에 부합하는 자신만의 세계를 창조하며

그렇게 창조된 자신만의 세계 속에서 살아가고 있다.

그런데도 우리는 모두가 동일하게 인식되는

객관적인 세상에서 살아가고 있다고 착각한다.

모든 존재는 객관적 세계에서 살고 있지 않다.

모두 각 개인으로서 주관적인 세계에서 살고 있다.

각 개인의 수만큼 다른 세계가 공존하며

가족도 부부도 연인도 형제도 친구도

각기 자신이 창조한 다른 세계에서 살아가고 있다.

그리하여 같은 환경 속에서 살아도

누군가는 행복하고 누군가는 불행하며

누군가는 충만하고 누군가는 결핍 속에서 살아간다.

경험의 차이는
생각의 차이로 이어진다

그대가 나에게 물었다.

"왜 우리는 다른 세계에서 살아가나요?"

나는 답했다.

"경험의 차이는 생각의 차이로 이어지기 때문이야."

그렇다면 이 차이는 어디에서 오는 것일까?

경험의 차이와 생각의 차이에서 온다.

개인의 생각은 개인의 고정관념에 따라 달라지고

그것은 또 개인의 경험에 따라 달라진다.

탄생의 순간부터 지금까지 이어져온 무수히 많은 경험들은

개인의 고정관념과 사고과정, 믿음과 느낌을 다르게 형성한다.

어린 시절 칭찬과 존중을 많이 받고 자랐는지

비난과 질책을 많이 듣고 자랐는지

풍요 속에서 성장했는지 빈곤 속에서 성장했는지

사랑 속에서 자랐는지 미움 속에서 자랐는지

관심 속에서 성장했는지 무관심 속에서 성장했는지

형제가 많은 가정에서 자랐는지 외동으로 자랐는지

도시에서 성장했는지 시골에서 성장했는지 등에 따라

당신은 동일한 상황에서

타인과 다른 생각과 느낌으로 반응한다.

타인과 생각과 느낌을 달리함에 따라

타인과 다른 행동 방식을 취하게 되고

이에 따라 다음 갈래 길에서

당신은 또 다른 생각과 느낌으로 반응하게 된다.

그렇게 하여 선택된 당신의 다른 생각과 느낌에 따라

4장) 나는 세상을 거꾸로 본다

그에 합당한 당신만의 세계가 창조된다.
그렇게 우리들 각자는 자신만의 세계를 구축해나가고
그 안에서 살아가면서
남들과 같은 세계 속에서 살아가고 있다고 착각한다.
그 착각 속에서 왜 내가 보는 세상은 이런데
너는 그렇게 보지 않느냐고 분노하고 슬퍼하고 좌절한다.

먼저 이 착각 속에서 벗어나야 한다.
우리는 서로 다른 방식으로 세계를 보고
이해하고 인식하고 있으며 그에 따라 모든 상황에 대한
감정과 생각의 반응이 달라짐을 알아야 한다.
그것은 개인의 지나온 경험에서 나온 반응이고 결과물들이다.

외부세계는 내부세계를
비추는 거울이다

그대가 나에게 물었다.

"그렇다면 외부세계는 어떤 의미를 가지나요?"

나는 답했다.

"외부세계는 내부세계를 비추는 거울일 뿐이야."

외부세계는 아무런 힘이 없다.

그저 우리의 내부세계를 비추는 거울일 뿐이다.

외부세계에서 원치 않는 상황이 보인다면

즉시 외부세계로 향하는 모든 관심을 거두어들이고

내부세계를 꼼꼼히 살펴봐야 한다.

내부세계를 점령하고 있는 수많은 잠재의식의 수풀 속에서

지금 이 상황을 만들어내고 있는 무의식의 잡초를 찾아내서

그 뿌리를 뽑아버려야 한다.

그것만이 상황을 바꿀 수 있는 유일한 방법이다.

잠재의식 속에 숨겨진 잡초의 뿌리를 찾아 제거하지 않는다면

언제까지나 외부 현실에 드러난 잎사귀를 붙잡고

고생할 것이다.

잠시의 시간이 지나고 나면 그 뿌리에서

또 잎이 무성하게 자라나 우리를 곤란하게 할 것이다.

잠재의식의 힘은 현재의식의 힘보다 훨씬 강하기에

현재의식이 소망하는 것과

잠새의식이 참이라고 알고 있는 믿음이

일치하지 않는다면 소망은 이루어지지 않을 것이다.

잠재의식의 힘이 어른의 힘이라면

현재의식의 힘은 어린아이의 힘과 같아서,

둘 중 하나의 요구를 들어줘야 하는 상황일 때
우주는 언제나 더 강력한 힘을 가지고 있는
잠재의식의 요청을 들어주게 된다.

이것은 부모가 아이와 함께 레스토랑에 가서 음식을 주문할 때
부모와 아이가 주문하는 메뉴가 일치하지 않는다면
종업원은 망설이다가 결국 아이의 요구를 무시하고
부모의 주문을 실행하는 경우와 같다.
왜냐하면 아이보다는 부모가 더 힘 있고
요금을 지불할 능력이 있기 때문이다.
그러므로 당신의 소망이
외부세계에서 물질화되고 구체화되기를 원한다면
당신의 현재의식과 잠재의식을 일치시켜야 한다.

외부세계와 내부세계는
동일하다

그대가 나에게 물었다.

"외부와 내부는 어떤 관계인가요?"

나는 답했다.

"외부세계와 내부세계는 동일하다."

내부세계가 원인이고 외부세계는 결과이다.

그런데 우리는 원인도 결과도 외부에 있다고 착각한다.

외부세계에서 일어난 A라는 행동이 원인이 되어

B라는 결과가 이루어졌다고 생각하는 것이다.

그래서 삶이 내 뜻대로 안 되고 어렵다고 느낀다.

외부세계에서 일어나는 모든 일을

내 의지대로 내 소망대로 통제할 수 없기 때문이다.

그 혼돈에서 벗어나려 발버둥치며 애써보지만

그러면 그럴수록 마치 끝없는 늪에 빠진 듯 힘들고 무력해진다.

하지만 인생에서 일어나는 모든 일은

혼자서 하는 내면의 게임이다.

자신의 현실을 구현하고 만들어내는 원인은

오직 자신의 의식뿐이기에

파악하고 극복해야 할 대상 역시 자신뿐이다.

당신이 인식하고 있는 세상은 오직 당신에게 속해 있으며

현실 속에서 당신의 위치를 알려주고,

내가 인식하고 있는 세상은 오직 나에게 속해 있으며

현실 속에서 나의 위치를 알려준다.

길을 잃은 아이가 엄마에게 전화를 해서 위치를 설명할 때

정확한 지번을 모르더라도

주변에 보이는 풍경을 이야기할 수 있고
그 설명을 통해 부모나 경찰은 아이의 위치를 파악할 수 있듯이
나의 인식을 기준점으로 나는 모든 것을 받아들이고 표현한다.

건강, 일, 인간관계, 사랑, 돈…
그 모든 것들에 대한 나의 인식이
그 모든 것들에 대한 나의 위치와 성취를 결정한다.
결국 원하는 것을 성취하는 데 다른 조건은 필요치 않으며
오직 그것들에 대한 내부의 명확한 인식이 필요할 뿐이다.

하지만 자신의 인식에 편안하지 않은 감정이 든다면
인식은 힘을 발휘하지 못한다.
인식과 감정을 편안하고 조화롭게 결합시킬 수 있어야 하는데
그러기 위해서는 현재 자신이 속한 위치와 상관없이
소망이 이루어진 결과에서
인식하고 생각하고 말하는 연습이 필요하다.

감정은 방향을 알려주는
나침반이다

그대가 나에게 물었다.

"감정은 어떻게 다루어야 하나요?"

나는 답했다.

"감정은 방향을 알려주는 나침반이야."

개인의 감정은 개인이 가고자 하는 목적지를 향해
알맞은 방향으로 나아가고 있는지를 알려주는 나침반이고
삶이라는 낯선 여행길에서 길을 알려주는 이정표이다.
마치 길잡이별 하나 없는 하늘을 보며 헤매고 있는
사막 여행자처럼
삶이라는 모호하고 복잡한 여행길을 걸어가면서
감정이라는 나침반조차 없다면
우리는 길을 잃어버릴지도 모른다.
그런데 나침반을 손에 들고서도
사용 방법을 몰라 사용하지 못하는 어린아이같이
대부분의 사람들은 감정이라는 시스템을
제대로 활용하지 못하고
오히려 감정이 드러내는 지표에 휩쓸려서 살아가고 있다.

자동차 운전을 하다 주유 램프에 불이 들어왔을 때
우리는 주유 램프를 향해 화내지 않는다.
기름이 완전히 바닥나서 차가 도로 한복판에서 멈추기 전에
적절한 때에 주유를 하라고 알려준 신호에 감사하며
주유소를 찾아 기름을 넣을 것이다.
그런데 우리는 감정이 보내는 신호에 귀 기울이지 않고
기분이 편안하지 않거나 나쁠 때
오히려 더 짜증을 내거나 화를 낸다.

지금 당신의 기분이 나쁘다면
당신이 가고 있는 방향이 옳지 않다는 신호이다.

개인이 느끼는 감정은
자신이 무엇을 싫어하고
무엇을 좋아하는지를 알려주는 바로미터이다.
무엇을 원하고 무엇을 원하지 않는지
어떤 사람이 되고 싶고 어떤 사람이 되고 싶지 않은지를
알려주는 개인의 나침반이고 지표이다.

이 감정지표에 불이 들어와 깜빡인다면
자신이 가고 있는 삶의 길에서
원하는 길을 잘 선택하여
올바른 방향으로 가고 있는지 점검하라는 신호이다.
더 좋은 삶을 살고 싶다면
언제나 더 좋은 감정이 드는 선택을 해야 한다.
당신의 감정을 인생에서 나아갈 방향을 알려주는
지표로 받아들이고 제대로 활용할 수 있다면
당신의 삶은 점점 더 좋은 방향으로 가게 될 것이다.

세상 모든 만물은
에너지이다

그대가 나에게 물었다.

"감정이 어떻게 삶을 변화시킬 수 있나요?"

나는 답했다.

"세상 모든 만물은 에너지이기 때문이지."

세상 모든 만물은 에너지이고
에너지는 파동과 입자로 구성된다.
인간이 느끼는 다양한 감정 역시 파동을 발산하며
감정의 종류에 따라 파동의 종류도 달라진다.
기쁨과 슬픔에서 나오는 파동은 다르다.
만족감과 두려움에서 나오는 파동도 다르다.

그런데 우주 불변의 진리는
모든 개인은 자신이 발산한 파동과 같은 파동을 가진 현실만
창조할 수 있다는 것이다.
그러므로 건강하고 싶다면
건강하고 활기찬 파동을 내가 먼저 내보내야 하고
부자가 되고 싶다면
풍요로움으로 넘치는 파동을 내가 먼저 내보내야 한다.
부족과 결핍과 질병과 두려움의 파동을 내가 내보내고 있는 한
언제까지나 부족과 결핍과 질병과 두려움의 상황이
내 현실에 나타날 것이다.

삶에서 성취하고 싶은 목적이 있다면
성취되었음의 파동을 내보내야 하고
행복해지고 싶다면
이미 행복함의 파동을 내가 먼저 내보내야 한다.

내가 발산하는 파동과 같은 파동을 가진 현실

즉, 내가 발산하는 파동과 일치되어 공명할 수 있는 현실만

내 삶에 들어올 수 있다.

이 지점을 제대로 이해하고 있지 못하다는 점이

아픈 자는 계속 아프고, 가난한 자는 계속 가난한 이유이다.

사랑, 관계, 건강, 돈, 일 모든 것은 감정의 파동을 타고 온다.

감정은 이 모든 것들을 실어 나르는 연료이고 통로이며

사랑과 감사, 기쁨은

좋은 것들을 더 빨리 오게 하는 에너지이다.

그러므로 좋은 감정을 일으킬 수 있는 좋은 생각과 함께

발산하는 감정의 크기와 깊이가 중요하다.

나의 생각과 감정이 발산하는 파동의 크기와 깊이에 비례하여

그에 부합하는 사건과 상황이 나의 현실에 구축되기 때문이다.

07

우리는 원인과 결과를
오해하고 있다

그대가 나에게 물었다.

"원하는 결과를 얻기 위해서는 어떻게 해야 하나요?"

나는 답했다.

"우리는 원인과 결과를 오해하고 있다."

우리는 삶을 완전히 오해하고 있다.

사람들은 흔히 어떤 상황이나 사건이 일어나면

그에 따른 생각과 감정이 일어난다고 믿는다.

이렇게 잘못된 이해가 인간의 슬픔이고 비극이다.

상황은 원인이 아니며

감정은 결과가 아니다.

잘못됐다.

우리는 거꾸로 이해하고 있다.

생각과 감정이 원인이고 상황과 사건이 결과이다.

이것을 이해하기 위해서는 직접 실험해보고 검증해보는

끈기 있는 호기심과 탐구심이 필요하다.

감정은 생각에서 파생되고, 생각은 고정관념에서 파생되므로

감정을 주도하기 위해서는 생각을 주도할 수 있어야 하고

생각을 주도하기 위해서는

자신의 고정관념을 점검해보아야 한다.

이러한 과정을 통해 우리는 하루 24시간 깨어 있는 의식으로

바른 생각을 유지하기 위해 노력해야 한다.

그럼 과연 바른 생각이란 어떤 생각을 일컫는 것일까?

흔히 도덕적으로 선량하고 정의로운 생각을

바른 생각이라고 일컫는다.

물론 옳다.

하지만 더 심오한 차원에서 보면 의미가 다르다.

도덕적인 의미에서의 바른 생각을 토대로 하되

그것 너머 자신이 이루어지기를 소망하는 것에 대해

현실이 공명할 수 있을 때까지

지속적이고 깊이 있는 에너지 파동을 보낼 수 있을 만큼

자신의 생각과 감정을 유지하는 것을 의미한다.

예를 들어 건강을 소망한다면

지금 당신의 건강 상태가 어떻든지 간에

자신의 건강함을 믿고 건강한 자신의 모습을 이미지화하여

자신의 마음에 각인하고 우주의 마음에 각인할 수 있을 만큼

생각과 느낌을 유지하는 것을 일컫는다.

08

감정의 매듭은
삶의 걸림으로 작용한다

그대가 나에게 물었다.

"삶이 순조롭게 흘러가는 것을 방해하는 요인은 무엇인가요?"

나는 답했다.

"감정의 매듭은 삶의 걸림으로 작용한다."

바늘에 실을 꿸 때

실에 매듭이 있으면 바늘귀를 통과하지 못한다.

우리 마음에 풀리지 않은 감정의 매듭이 있으면

삶이라는 바늘귀를 순조롭게 통과하지 못하고

자꾸만 걸려 멈추어 서게 된다.

감정의 매듭이란 무엇일까?

사랑에서 비롯된 감정이 아닌 모든 감정이라고 할 수 있다.

내 감정의 실타래에 분노, 원망, 미움, 비난, 시기심 등이 있다면

이런 감정들이 매듭이 되어 삶이라는 바늘귀를

순조롭고 평탄하게 통과하지 못하게 방해한다.

바늘귀를 순조롭게 통과할 수 있는 실타래는

사랑 혹은 감사와 기쁨, 평화와 같은 감정들이다.

그러므로 삶의 어느 순간 뭔가 걸림이 생겼다면

자신의 감정 실타래를 점검해보고

내 감정의 어느 부분이 뭉쳐서 매듭으로 작용했는지 살펴보자.

누군가를 향한 원한이나 증오심일 수도 있고

경쟁심이나 열등감일 수도 있고 불안이나 두려움일 수도 있다.

그 매듭을 찾았다면 이제 어느 부분이

어떻게 엮여서 순조롭게 나아감을 방해하고 있는지

꼼꼼히 파헤쳐보고 차근차근 그 실타래의 매듭을 풀어보자.

매듭에 따라 조금만 신경 쓰면 쉽게 풀리는 매듭도 있고
너무 꼭 홀쳐져 있어서 아주 오랫동안 끈기를 가지고
조금씩 풀어나가야 하는 매듭도 있다.
또 경우에 따라서는 그 엉킴이 너무 심하고 복잡하여
끊지 않고 풀기가 불가능해 보이는 경우도 있을 수 있다.
그럴 때는 억지로 풀려고 하기보다 차라리 끊어버리고
새로 시작하는 게 더 현명한 방법일 수도 있다.

감정과 생각을 제대로 다룰 수 있다면
삶 역시 제대로 다룰 수 있다.
무언가를 제대로 다룬다는 것은
그것의 주인이 된다는 뜻이기에
우리는 감정과 생각의 주인이 될 수 있고
그리하여 삶의 주인이 될 수 있다.

09

뇌는 생각의 주체가 아니라
수신기이다

그대가 나에게 물었다.

"인간의 뇌는 어떻게 생각을 일으키나요?"

나는 답했다.

"뇌는 생각의 주체가 아니라 수신기야."

우리는 뇌가 생각하는 주체라고 믿고 있지만
과학자들에 의하면 뇌는 생각의 주체가 아니라
떠다니는 생각들을 읽어내는 수신기라고 한다.
라디오가 전파의 주체가 아니라
방송국에서 내보낸 특정 전파를 수신하고
TV가 방송국에서 내보낸 특정 전파를 수신하는 것처럼
인간의 뇌는 의식의 바다를 통해 흐르고 있는 수많은 생각들 중
많은 생각들을 흘려보내고
특정 생각들을 채널 고정하여 수신하고 있는 것이다.

TV에 수많은 채널이 있지만 대다수의 사람들은
평소 자신이 즐겨보는 몇 개의 채널만 보며
얼마든지 더 유익한 채널이 많음에도
마치 습관처럼 늘 선택하던 채널을 선택하게 된다.
물론 자신의 취향과 선호도에 따른 선택들일 것인데
이렇게 자신의 취향과 선호도에 따른 선택들이
자신의 인생에 유익함을 주는 채널이라면 괜찮다.

여기에서 유익함이란 여러 가지 의미를 갖는데
정보나 지식의 유익함도 있을 수 있고
웃고 즐기는 마음의 유익함도 있을 수 있다.
하지만 분명 재미는 있을지라도

몸과 마음에 해를 끼치는 프로그램도 있다.
잔인한 공포 스릴러물이나
거짓과 속임수로 누군가에게 해를 끼치는 내용의 프로그램들,
너무 폭력적이거나 선정적이고 자극적인 내용들과
지나치게 슬픔과 분노를 유발하는 내용들 등
유익하지 않은 프로그램들도 많다.

마찬가지로 우리는
유익한 생각을 선택할 가능성이 무수히 많음에도
습관적으로 자신의 인생에 도움이 되지 않거나
해악을 끼치는 생각을 선택하기도 한다.
인간의 뇌가 무한한 의식의 바다에서
생각을 선택할 수 있는 수신기라면
이제 우리는 습관처럼 선택하던 무익한 생각 채널들을
자신에게 도움이 되는 유익한 생각 채널로
바꾸어야 할 때가 되지 않았을까?

10

원하는 것에
집중해야 해

그대가 나에게 물었다.

"채널을 바꾼다는 것은 어떤 의미인가요?"

나는 답했다.

"원하는 것에 집중하라는 의미야."

우리는 생각이란 자신이 선택할 수 있는 것이 아니라
통제할 수 없이 자동적으로 떠오르는 것이라고 여긴다.
아니다.
인간을 포함한 모든 존재는 의식의 바다에서 살고 있고
생각은 마치 강물이 끊임없이 흐르고 있듯이
우리를 통과하여 흐르고 있다.
계속하여 흐르는 강물 중에 당신만의 물통에 건져 올린 물처럼
수많은 생각의 흐름 속에서
당신만의 생각을 선택하여 주파수를 고정할 수 있다.
중요한 것은
인생에 도움이 되지 않는 생각들은 그냥 흘려보내고
도움이 되는 생각들만 선택해서
당신의 생각 바구니에 담는 것이다.

다시 말해,
무작위로 흐르는 생각의 강물 속에서
원하지 않는 생각들에는 집중하지 않는 것이다.
이것은 마치 우리가 재래시장을 지나갈 때
눈앞에 펼쳐진 가판대와 같다.
시장에 가면 당신의 의도와 상관없이
무수히 많은 상품들이 진열되어 있지만
당신은 그 모든 상품들에 집중하지는 않을 것이다.

당신이 관심을 가진 상품에만 집중할 것이며
꼼꼼히 살펴보고 비교해본 다음
자신에게 필요한 상품을 구입할 것이다.

마찬가지로 당신 앞에 무작위로 펼쳐지는
생각들의 흐름 속에서
당신은 관심 있는 몇 개의 생각에만 집중하고 살펴본 다음
그것을 자신의 생각으로 받아들일 것이다.
가장 중요한 원칙은 생각 시장에서 생각을 고를 때
당신이 원하지 않는 생각에 관심을 두거나
집중하지 말라는 것이다.
원하지 않는 상황이 당신의 생각으로 떠오른다면
관심을 두지 말고 흘려보내야 하고
그다음 원하는 생각을 신중하게 선택하여 집중해야 한다.

왜냐하면 당신이 원하든 원치 않든 간에
당신이 집중하는 것이 당신 삶 속으로 들어오기 때문이다.

11

그대가 가는 모든 곳이
안전하지 않다

그대가 나에게 물었다.

"어디로 가면 안전할까요?"

나는 답했다.

"그대가 가는 모든 곳이 안전하지 않다."

연일 미세먼지와 황사로 바깥 외출이 어렵다고

매스컴이 시끄럽다.

하지만 실내도 안전하지 않다.

아니 당신이 가는 모든 곳이 안전하지 않다.

당신은 언제 어디를 가든

당신의 생각과 감정을 떼어놓고 갈 수 없기 때문이다.

실로 미세먼지와 황사보다 더 무서운 건

자신의 생각과 감정이다.

자신의 생각과 감정에 오염된 당신은 오염된 상황을 끌어당긴다.

이건 어찌할 수 없는 불변의 법칙이다.

파란색 염료에 담근 천은 파란색으로 물들고

노란색 염료에 담근 천은 노란색으로 물들듯이

분노의 감정에 물든 당신의 눈앞에는

분노의 상황이 현실화될 것이고

두려움의 감정에 물든 당신 앞에는

두려움의 사건이 현실화될 것이다.

빈곤의 감정을 품은 당신의 눈앞에는

빈곤의 현실이 닥칠 것이고

질병의 감정을 품은 당신에게는 질병의 현실이 다가올 것이며

자신이 사랑받지 못하고 있다는 느낌 속에

빠져 있는 당신에게는

실연의 상황이나 그와 비슷한 상황이 드러날 것이다.

이렇듯 자신의 생각과 감정에 의한 오염을 방지하기 위해서는
바른 생각과 바른 감정에 늘 자신을 조율해야 하는데
그 깊은 의미는 일반적인 옳고 그름을 기준으로 한
바른 생각과 바른 감정을 넘어서 있다.
바른 생각이란 의심하는 마음 없이
바라고 소망하는 상태가 이미 이루어졌음을
믿는 마음을 말하며
바른 감정이란 불안과 두려움 없이
평온함과 기쁨, 감사와 사랑, 만족과 축복 같은
감정 상태를 말한다.

모든 현실의 원인을 외부 상황이나 타인에게서 찾지 말고
자신이 가진 내면의 인식에서 찾고 이해로 풀어갈 수 있는 것,
그리하여 자신이 원하지 않는 감정이 아니라
원하는 감정을 유지하는 것,
그것이 바른 생각과 바른 감정에 자신을 조율하는 길이다.
또한 다른 사람의 생각과 감정에
오염되지 않도록 유의해야 하고
자신 역시 다른 이에게
그런 것들을 전염시키지 않도록 주의함이 필요하다.

12

모든 것이
연결되어 있다

그대가 나에게 물었다.

"무엇과 무엇이 어디에서 어디까지 연결되어 있나요?"

나는 답했다.

"모든 것이 전체로 연결되어 있다."

인간의 외부세계와 내부세계는 아주 밀접하게 연결되어 있다.
외부세계란 개인이 현실이라 일컫는 세계를 말하며
내부세계란 개인의 느낌과 생각을 일컫는다.
여기에는 내면의 모든 은밀한 속삭임이 포함된다.
당신이 누군가를 미워한다면
그 미움을 언어와 행동으로 표현하지 않더라도
당신의 내면에는 미움이 존재하고
몸을 구성하는 세포는 미움이라는 생각과 감정에 물든다.

우리 몸의 세포 속에 스며든 모든 생각과 감정은
그에 합당한 에너지 파동을 발산하며
이것은 무한한 가능성의 장에서
그러한 파동에 공명하는 적합한 상황과 사건을 끌어온다.
즉, 개인의 내부세계에서 발산하는 에너지 파동과
동일한 에너지 파동을 가진 현실만
외부세계에서 구현되는 것이다.

그러므로 우리가 총력을 기울여 가꾸고 다듬어야 할 곳은
눈에 보이는 외부세계가 아니라
개인의 의식 속에 있는 내면세계이다.
결국 내부에 있는 것과 동일한 것이
외부에 존재하게 되기 때문이다.

4장 나는 세상을 거꾸로 본다

또한 인간의 육체는 탄탄하고 치밀한 고체 덩어리로 보이지만
에너지와 정보로만 구성되어 있는 근원의식의 입장에서는
언제든지 무시로 통과할 수 있는 성긴 망과 같다.
근원의식은 나와 당신 그리고 숲속을 굴러다니는 도토리와
이름 모를 들꽃들과 몇 광년 밖에서 반짝이고 있는 별들까지
우주 삼라만상 모든 것을 포함한 커다란 그물망이다.

개체로서의 개인은
우주의 그물망에서 하나의 그물코로 존재하고
하나의 그물코가 당겨지면 전체 그물코가 영향을 받듯이
나와 당신 그리고 우리 모두는 연결되어 있다.

13

의도는 파동으로
전달된다

그대가 나에게 물었다.

"마음속 의도는 어떻게 전달되나요?"

나는 답했다.

"의도는 파동으로 전달된다."

의도는 언제나 상대에게 고스란히 전해진다.
비록 화려한 웃음과 세련된 언어로
그것을 멋지게 포장했다고 하더라도
존재의 깊은 차원에서 의도는 미묘한 파동으로 전달된다.
그것이 당신이 상대를 못마땅해하는 만큼
상대도 당신을 못마땅해하는 이유이다.
여기에서 그대의 감정이 먼저였느냐,
상대의 감정이 먼저였느냐를 논할 필요는 없다.
그러한 논란은 닭이 먼저냐 달걀이 먼저냐를
논하고 있는 것만큼이나
답도 없고 끝도 없는 무익한 논쟁이다.

어쩌면 그 둘은 동시 발생적이었을 수도 있지 않을까?
당신이 선호하는 가치와 상대가 선호하는 가치가 다르고
당신이라는 존재가 발산하는 에너지와
상대가 발산하는 에너지가 다르다.
둘은 만나는 순간 그것이 서로 다름을
존재의 깊은 차원에서 알아차렸을 수도 있다.
마치 작은 바람이 거대한 파도를 일으키듯이
깊은 차원에서 일어나는 감정의 미묘한 부딪침은
점점 표면으로 드러나 감정의 일렁이는 파도를 일으키고
서로의 관계를 불편하고 힘들게 한다.

그러니 언제나 자신의 마음속 의도를 점검하고
정결히 함이 필요하다.
나의 선호에 맞추어 타인을 바꾸려는 의도 없이
진실로 맑고 따뜻한 시선과 감정을 유지할 수 있다면
미묘한 감정의 부딪침과 거대한 마음의 일렁임은
부드러운 물결로 가라앉을 것이다.

우리는 가끔 자신의 견해와 지적으로
타인을 변화시키려는 의도를 품고 그것이 가능하다고 여기지만
인간 감정의 흐름은 그런 방식으로 운행되지 않는다.
인간은 자신을 못마땅해하는 상대를 좋아하지 않기에
못마땅함이 담긴 견해는
상대의 감정을 나에게서 더 멀어지게 할 뿐이다.
내가 상대를 못마땅하게 여기는 딱 그만큼
상대도 나를 못마땅하게 여기고 있기 때문이다.
오직 사랑과 따뜻함, 부드러움이 담긴 견해일 때만
상대의 가슴에 부드러움으로 다가가고 변화를 가져올 수 있다.

14

개인의 마음과
우주의 마음은 하나이다

그대가 나에게 물었다.

"마음에 대하여 이야기해줄 수 있나요?"

나는 답했다.

"개인의 마음과 우주의 마음은 하나이다."

개인에게 마음이 있는 것과 마찬가지로

거대한 우주에도 마음이 있다.

개인의 마음과 우주의 마음은 다른 듯싶지만 같다.

이것은 커다란 수박 하나를 쪼개었을 때

그 각각의 조각들이 동일한 맛을 내는 것과 같다.

개인의 마음과 우주의 마음은 연결되어 있고

하나이면서 전체이다.

인간은 개인의 마음을 통해서 우주의 마음과 합일될 수 있고

우주의 마음을 통해 다른 차원으로 이동할 수 있다.

우리가 현실이라고 믿고 있는 이 물리적 차원에서

모든 존재의 근원인 실재의 차원으로 넘어갈 수 있다면

당신은 근원의 법칙을 이해할 수 있고

활용할 수 있게 될 것이다.

그럼 개인의 마음은 어떻게 우주의 마음에 가닿을 수 있을까?

우주의 언어를 이해할 수 있어야 한다.

소통을 위해서는 공용의 언어가 필요하고

개인과 우주가 소통할 수 있는 언어는 이미지이다.

개인의 마음이 어떤 이미지를 상상하면

이미지는 우주의 마음에 전달된다.

이미지는 우주의 공용 언어이기에

이루고 싶고 원하는 상황이 있다면

그러한 상황을 구체적인 이미지로 시각화함으로써
개인은 자신의 소망을 우주의 마음에 요청할 수 있다.
그런데 이러한 원리에 대한 지식이 부족한 우리는
자신이 원하는 상황에 대한 이미지가 아니라
원하지 않는 상황에 대한 이미지를 마음속으로 상상하고
그리하여 원하지 않는 상황을 우주의 마음에 전송한다.

그렇다면 개인의 마음이 우주의 마음에 전달한 이미지는
어떻게 개인의 삶 속에 구현될 수 있을까?
우주의 마음에 새겨진 이미지에 생명력을 부여하는 것은
개인의 의도와 감정에서 발산된 파동이다.
모든 생각과 의도와 감정은 에너지이며
고유의 파동을 발산한다.
개인의 생각과 의도와 감정에서 발산된 파동은
우주의 마음에 가닿아
이미지를 구체적 현실로 구현할 동력으로 작용한다.
그렇기에 당신이 어떤 이미지를 우주의 마음에 전달하고
어떤 감정의 파동을 이미지에 투입시키느냐에 따라
삶 속에 구현되는 상황과 사건이 달라진다.

15

직관은 근원에서 오는
메시지이다

그대가 나에게 물었다.

"직관이 왜 중요한가요?"

나는 답했다.

"직관은 근원에서 오는 메시지이다."

직관, 즉 느낌에 의지하는 삶은
근원의 주파수에 자신을 맞추는 삶이다.
직관은 근원에서 오는 메시지이며
근원과 자신을 조율하는 길이다.
이 길은 낯선 길을 가는 모든 이의 발걸음이 그렇듯
처음에는 깊은 불안과 두려움을 동반한다.
하지만 익숙해질수록 삶을 신뢰하고 자신을 신뢰하며
내면의 신성을 신뢰하는 길로 자신을 이끌게 된다.
생각을 내려놓고 느낌에 의지하는 삶을 살아갈 때
우리는 점점 더 근원에 가까워지고 돌아갈 본향에 가까워진다.

어디에서부터 어떻게 시작하면 좋을까?
먼저 생각하고 계산하는 습관을 내려놓고
직관을 따르는 연습을 해야 한다.
내면의 느낌을 나침반으로 삼아
머리가 아니라 가슴으로 살아가는 삶을 연습해야 한다.
좋은 느낌이 든다면
당신은 근원의 주파수와 올바르게 조율되었다는 뜻이다.
선택을 해야 하는 순간마다 생각을 통한 계산보다
직관에 의지한 마음의 끌림을 선택하는 연습이 필요하다.

인간은 조금이라도 더 이득이 되는 결과를 도출하기 위해 마음속으로 무수히 많은 계산과 생각을 행한다.
직관이라고 일컫는 내면의 느낌을 신뢰하지 못하고
수치적 이득을 앞세우고 계산에 집중하는 이유는
선택과 결과에 대한 불안감과 두려움 때문이다.

이러한 습관은 모든 것이 한정되어 있다는
한계와 부족과 결핍에서 비롯된 생존 습관인데
이렇듯 치밀한 계산에도 불구하고 결과에 대한 확신이 부족하여
선뜻 하나를 선택하지 못하고 갈등에 갈등을 거듭한다.
인간을 더 힘들게 하는 것은
그런 반복된 고민과 치밀한 계산을 통하여 도출해낸 결과조차
언제나 옳은 것은 아니며,
옳다고 보이는 길조차 막상 뒤집어보면
옳지 않았음이 확인되는 경우도 허다하다는 것이다.

근원의 주파수와 바르게 정렬될수록
내면의 복잡한 소음과 갈등은 사라지고
삶은 더 단순하고 선명해지며 평온하고 충만해진다.
그러니 이제 생각과 계산을 내려놓고
내 가슴의 느낌에 집중해보자.
내면의 혼돈이 사라질수록 직관은 선명해지고 앎은 깊어질 것이며
가슴속 신성은 점점 더 위대함을 드러낼 것이다.

4장 나는 세상을 거꾸로 본다

우리에게는 창조의 힘이 있다

01

창조는 관찰자의 의식으로
이루어진다

그대가 나에게 물었다.

"창조는 어떻게 이루어지나요?"

나는 답했다.

"창조는 관찰자의 의식으로 이루어진다."

모든 개개인은 창조주다.

창조주는 누구에게도 의지하지 않기에

누구의 도움도 필요 없다.

자신이 창조주임을 알고 확신한다면

무엇에도 누구에게도 의지하지 않고 오직 스스로의 의지로

자신의 모든 욕구와 소망에

생명을 부여하고 형체를 부여할 수 있다.

창조 원리를 제대로 이해하기 위해서는

양자물리학을 알 필요가 있다.

물질의 근원이 되는 미립자는

입자이면서 동시에 파동의 가능성으로 존재하고

관찰자의 의식에 따라 입자 혹은 파동으로 결정된다.

즉, 관찰자가 관찰하기 전까지는

입자의 가능성과 파동의 가능성을 모두 포함하고 있기 때문에

입자도 파동도 아닌 가능성으로만 존재한다.

관찰자가 관찰하는 순간

관찰자의 의식에 따라 존재가 결정되며

관찰자의 의식이 없다면 모든 물질은 가능성으로만 존재한다.

오직 관찰자의 의식만이

무한한 가능성의 장에서 물질을 구현할 수 있다.

이러한 원리로

개인의 현실을 구축하는 것 역시 개인의 의식이다.

양자물리학이 어떻게 개인의 현실에

영향을 미칠 수 있을지 의아하겠지만

아무리 거대하고 웅장한 건축물도 그 구성 물질을

더 이상 쪼갤 수 없을 때까지 쪼개어 관찰해보면

분자에서 원자로, 원자에서 소립자로, 소립자에서 미립자로

쪼개짐을 알 수 있다.

그런데 현대 물리학에서

물질을 구성하는 최소단위로 알려진 미립자는

입자로서의 위치와 공간을 점유하고 있지 않다.

입자도 파동도 아닌 입자와 파동의 가능성으로만 존재하다가

관찰자의 관찰이 있고 나서야 관찰자의 의식에 맞추어

입자 혹은 파동으로 존재를 드러낸다.

즉, 관찰자가 미립자를 입자로 인식하면

입자로 존재를 드러내고

관찰자가 미립자를 파동으로 인식하면

파동으로 존재를 드러낸다.

그렇기에 세상 모든 만물은 관찰자의 의식으로 창조된다.

바꿀 수 없다면
이해하지 못한 것이다

그대가 나에게 물었다.

"법칙을 이해해도 왜 현실은 변하지 않나요?"

나는 답했다.

"바꿀 수 없다면 이해하지 못한 것이다."

우리 모두에게는 창조의 힘이 있다.

그 힘은 태초부터 당신 내부에 존재하던 힘이지만

모든 힘은

그 힘이 있음을 인식하고서야 제대로 활용할 수 있다.

전기를 발견하기 전에도 전기에너지는 존재했었다.

하지만 전기에너지의 존재를 제대로 인식한 후에야

인간은 전기의 힘을 다양한 방법으로 활용할 수 있게 되었다.

창조의 힘 역시 태초부터 개인의 내부에 존재하고 있지만

자신의 내면에서

그 힘을 발견하고 인식한 자만이 활용할 수 있다.

창조의 힘은 곧 근원의 힘이다.

창조가 관찰자의 의식으로 이루어진다면

해와 달과 수많은 별들,

새벽을 깨우는 새들과 이름 모를 들풀들까지

우주 삼라만상을 존재토록 한

태초 관찰자의 의식이 있어야 하고

그 태초의 근원의식에 의해 우주 삼라만상이 창조되었다.

하늘과 땅과 바다를 존재토록 한 근원의식은

숲속을 뛰어다니는 다람쥐와 도토리를,

바다를 헤엄치는 물고기와 해초들을,

그리고 당신과 나를 존재토록 하였다.

5장 우리에게는 창조의 힘이 있다

당신과 내가 반드시 기억해야 할 것은
당신 안에도 내 안에도 창조의 힘을 가진 근원의식이
태초부터 지금까지 언제나 함께하고 있다는 것이다.
삶은 개체로서의 의식이 전체로서의 의식을 깨달아
개체존재로서의 삶 속에서 전체존재로서의 속성과 힘을
구현하며 살아갈 때 피어나고 완결된다.

당신은 아직 당신 내면에 숨겨진 근원의 힘을 찾지 못했고
그리하여 당신 삶 속에서 근원의 힘을 발현하지 못하고 있다.
근원의 힘을 발견하고 제대로 이해하고 활용한다면
삶은 달라질 것이다.
현실을 바꿀 수 없다면 당신은 이해하지 못한 것이다.
혹여 당신이 이해했다고 여길지라도
당신 삶이 좋아지지 않는다면
제대로 이해하지 못한 것이며
단지 안다고 착각하고 있는 것이다.

의도적인 집중과 몰입이
필요하다

그대가 나에게 물었다.

"소망을 구현하기 위해서는 무엇이 필요한가요?"

나는 답했다.

"의도적인 집중과 몰입이 필요해."

창조의 법칙을 한 번 더 요약하자면 이렇다.

모든 창조는 관찰자의 의식으로 이루어지고

태초의 근원의식에 의해

나와 당신을 비롯한 우주 모든 만물이 창조되었다.

창조물인 우리의 내부에는 창조자인 근원의식이 존재하고

그리하여 인간은 창조물인 동시에 창조자이다.

자신이 창조물인 동시에 창조자임을 진실로 인식한 자는

자신의 내부에 있는 근원의식과 연결됨으로써

창조의 힘을 발현할 수 있다.

개인의 마음에서 일어난 생각과 의도는

우주의 마음에 이미지로 전달되는데

당신의 감정에서 발산되는 파동이 이미지에 투입되면

그 이미지와 파동에 일치하는 상황이 현실 세계에 구현된다.

당신이 두려움의 파동을 계속해서 내보낸다면

두려움의 상황이 구현될 것이고,

불안함의 파동을 계속하여 내보낸다면

불인한 상황이 구현될 것이며,

부족과 결핍의 파동을 계속해서 내보낸다면

부족과 결핍의 상황이 구현될 것이다.

개인의 의식이 근원과 얼마나 바르게 정렬되었느냐에 따라
현실 구현은 동시성을 가질 수도 있고
좀더 오랜 시차를 둘 수도 있는데,
중요한 것은 자신이 어떤 이미지와 어떤 파동을
우주의 마음에 전송하고 있는지
그리고 거기에 얼마만큼의 집중과 몰입을 행하고 있는지이다.
우리는 흔히 자신이
소망하는 것을 바르게 요청하고 있다고 착각한다.
하지만 잘못된 응답을 받고 있다면
잘못된 방법으로 요청하고 있는 것이다.

질병에 시달리고 있는 당신이 건강해지길 원한다면
건강하고 활력이 넘치는 자신의 이미지와 파동을
전송해야 하는데
당신은 아프고 힘든 자신의 상태를 떠올리며
걱정과 불안의 파동을 전송한다.
가난에 시달리고 있는 당신이 부유해지길 원한다면
부유하고 기쁨이 넘치는 자신의 이미지와 파동을
전송해야 하는데
반대로 빈곤으로 힘든 자신의 상태를 떠올리며
불안과 두려움의 파동을 전송한다.

5장 우리에게는 창조의 힘이 있다

그리하여 당신이 전송한 이미지와 파동에 일치하는 상황이
현실에 구현된다.
그러므로 중요한 것은
자신이 진정으로 원하는 소망에 일치하는
바른 이미지와 바른 파동을 우주의 마음에 전송할 수 있도록
의도적이고 지속적인 집중과 몰입을 행하는 것이다.

04

외부세계의 결과로
확인이 가능하다

그대가 나에게 물었다.

"옳은 방향으로 가고 있는지 어떻게 알 수 있나요?"

나는 답했다.

"외부세계에 나타난 결과로 확인이 가능하다."

양자물리학을 이해하고

창조 법칙의 원리를 이해했다고 하더라도

막상 현실에서 활용하고자 하면

수없이 많은 실패와 시행착오를 거칠 것이다.

게다가 법칙을 활용하는 방식이

보이지 않는 내부세계에 있기 때문에 더 혼돈스럽게 느껴진다.

눈으로 보고 확인할 수 있는 구체적 실체가

없는 것처럼 느껴지기 때문에

내가 지금 제대로 하고 있는지 아닌지를 확인하기 어렵고,

그래서 잘못된 방법으로 시행하고 있으면서도

제대로 하고 있다고 착각하는 경우가 빈번하다.

하지만 그 측정값이 되는 기준점만 확실히 이해한다면

외부세계를 통해 아주 단순한 방법으로 확인이 가능하다.

외부세계, 즉 우리가 실재라고 여기고 있는 물질 현실에서

원하는 결과가 나타나고 있다면

법칙을 올바르게 사용한 것이다.

반대로 우리가 현실이라고 믿고 있는 물질세계에서

원하지 않는 결과가 나타나고 있다면

법칙을 잘못 사용했다는 증거이다.

마치 수학 문제를 풀었는데 답이 틀렸다면

풀이 과정 중 어딘가에 오류가 있었음이

틀림없다는 사실과 같다.

아무리 오류 없이 옳은 방식으로 풀었다고 우겨봐야 소용없다.

틀린 답이 그것을 증명하고 있지 않은가?

모든 배움과 익힘이 그렇듯 이러한 법칙 역시

제대로 활용할 수 있기까지는 많은 연습과 노력이 필요하다.

처음 수영을 배울 때

올바른 자세와 원리를 이론적으로 익혔더라도

막상 물속에 뛰어들어 수영을 해보면 생각처럼 잘 되지 않는다.

물에 빠져 의도치 않게 물을 먹고 허우적거리기도 하고

때로는 다리에 쥐가 나기도 하며

극도의 두려움이 엄습하기도 한다.

일정량의 반복 연습을 통해 익숙해지면

그때에서야 비로소 원하는 속도로 원하는 곳까지

올바른 방향성을 가지고 나아갈 힘이 생긴다.

마음의 운용 역시 능숙하게 활용하기 위해선

시행착오를 통한 연습과 노력이 필요하며,

자신이 옳은 방향으로 가고 있는지를 알고 싶다면

외부세계에 나타난 결과를 통해 확인할 수 있다.

5장 우리에게는 창조의 힘이 있다

신비는 알려지지 않은
참의 세계이다

그대가 나에게 물었다.

"신비가 무엇인가요?"

나는 답했다.

"신비는 알려지지 않은 미지의 영역이고 참의 세계이다."

우리가 수학자로만 알고 있는 피타고라스는
신비주의자였다고도 한다.
그의 주위에는 그를 따르는 젊은이들이 많았는데
그 때문에 피타고라스학파는 탄압을 당하게 됐다.
결국 사원으로 피신한 피타고라스는
얼마 못 가 병사들의 포위 속에서 굶어 죽었다고 전해진다.
사람들에게 이해받지 못한 신비주의자의 비참한 최후였다.

신비를 안다는 건 미지의 영역을 안다는 것이고
알려지지 않은 참의 세계를 안다는 것이다.
당신이 순간이라도 미지의 영역에 대한 신비를 맛본다면
다시 예전으로 돌아갈 수 없을 것이다.
참의 맛을 알고 나면 거짓의 세계로 돌아간다는 건 불가능하다.
물론 그동안의 관습으로 인해
당신은 익숙한 그곳으로 돌아갈 것이다.
하지만 참의 세계가 주는 신비의 맛을 진실로 경험했다면
돌아간 그 세계에서 예전과 완전히 같아질 수 없다.
이제껏 살아온 그 세계에서 여전히 웃고 울며 살아가겠지만
가슴속에는 늘
미지의 세계에 대한 경험과 기억을 안고 살아갈 것이고
당신의 모든 탐구와 관심은
미지의 세계를 향한 방향으로 돌려질 것이다.

5장 우리에게는 창조의 힘이 있다

타인이 보기에 당신은 예전과 다름없지만 당신은 안다.

뭔가 달라졌음을.

이전과는 다른 삶을 살게 될 것임을.

그리하여 탐구가 더 깊어지고 깊어져서

점점 알아왔던 세계에서 멀어지고 미지의 세계에 가까워질수록

주변인들은 뭔지 모르지만 당신이 달라졌음을 느끼게 되고,

그렇게 당신은 같은 세계에 발을 붙이고 있지만

왠지 다른 세계에 살고 있는 것 같은 분위기를 띠게 된다.

물론 당신이 미지의 영역에 대한 탐구를 완전히 끝낸 후에는

다시 예전의 세계로 돌아갈 것이다.

왜냐하면 모든 욕망과 집착이 사라지고

탐구에 대한 열망조차 사라진 순간

남은 삶에서 해야 할 일은 그것밖에 없음을 알기 때문이다.

하지만 이제 당신은 무엇에도 집착하지 않는다.

그저 저쪽 세계의 맛과 향기를

이쪽 세계에 전한다는 숙명으로 살아가지만

그조차도 집착하지는 않는다.

그저 존재할 뿐.

인간에게는
두 번의 탄생이 있다

그대가 나에게 물었다.

"탄생에 대해 알아야 할 것이 있나요?"

나는 답했다.

"인간에게는 두 번의 탄생이 있다."

인간에게는 두 번의 탄생이 있다.

하나는 우리 모두가 알고 있는 육체의 탄생이다.

엄마의 뱃속에서 나와 첫 호흡을 하고 세상과 대면하는 순간을

우리는 한 인간의 탄생이라 이야기한다.

육체의 탄생과 더불어 에고도 세상 속으로 들어오고

육체의 성장과 더불어 에고도 성장해가며

가아假我인 에고의 성장이 거대해질수록

진아真我는 침묵하고 가려진다.

하지만 인간에게는 더 중요한 탄생이 남아 있다.

그것은 인간의 몸속에 잠들어 있는 신성인 진아의 탄생이다.

신은 인간의 몸속에서 잠들었다.

아니 사실은 어느 한순간도 잠들지 않고 언제나 깨어 있다.

하지만 우리가 내부에 있는 신성을 알아보고

그 신성이 활동할 수 있도록 무대를 내어주기 전까지는

그저 내부의 무대에서 침묵하는 관조자로서 지켜만 보고 있다.

당신이 내부의 신성을 알아보는 순간이

신이 침묵에서 깨어나는 날이고

당신이 꿈에서 깨어나는 날이다.

더 정확히 말하자면 신은 언제나 깨어 있지만

삶의 꿈에 취한 당신은 신을 알아보지 못하고 있다.

그 신을 알아보는 순간에야 비로소

당신은 깊은 잠에서 진정으로 깨어난다.

그가 마음껏 활동할 수 있도록 당신이 무대를 내어줄 때

당신 안에서 신성이 펼쳐질 것이고

신의 완전함이 드러날 것이다.

신의 모든 은총과 권능이 당신을 통해 표현될 것이다.

삶은 내가 선택한 꿈이다.

그 꿈에서 깨어나는 날

내가 누구인지 진정으로 나의 정체성을 깨닫게 된다.

신은 침묵하는 관조자이며

당신 안에서 당신이 알아봐주길 기다리고 있는 참 당신이다.

당신이 당신을 알아보고 당신이 당신을 깨우는 날

비로소 당신 삶도 깨어나기 시작할 것이다.

이날에야 비로소 참 당신이 탄생했다고 말할 수 있으리라.

07

죽음 뒤에는
또 다른 생이 있다

그대가 나에게 물었다.

"죽음 뒤에는 무엇이 있나요?"

나는 답했다.

"죽음 뒤에는 또 다른 생이 있다."

육체의 죽음을 '나'라는 존재의 죽음으로 알고 있는 우리는
언제나 죽음에 대한 막연한 두려움을 안고 살아간다.
인간 존재의 심연에 자리 잡은 육체의 종말에 대한 두려움은
삶의 곳곳에 소소한 불안과 과도한 걱정의 형태로 자리 잡아
살아있는 순간을 충분히 즐기지 못하게 방해한다.
하지만 근원의식의 한 부분으로서 개체의식이 된 우리는
다시 하나인 근원으로 돌아갈 때까지
무수한 생을 반복하며 성장하고 성장한다.

끝없이 반복되는 삶과 죽음의 순환에서 벗어나기 위해서는
다양한 이원적 감정들을 넘어
조건 없는 절대적 사랑에 도달해야 하며
사랑 에너지 자체가 바로 자신이라는 앎과 체험이 필요하다.
그런데 우리는 이전의 생에서 해결하지 못한
감정적 기억과 흔적 혹은 상처를 가지고 현생으로 넘어오고
그렇게 가져온 감정적 기억과 상처는
현생의 삶에 영향을 미친다.
따라서 이번 생에서 당신이 제대로 다루지 못하고
해결하지 못한 핵심 감정이 무엇인지는 아주 중요한 문제이다.

당신이 이번 생에서 미움, 원망, 우울과 같은 감정을
해결하지 못하고 다음 생으로 넘어간다면

5장 우리에게는 창조의 힘이 있다

다음 생에서도 그런 감정들을 해결하기 위해
고군분투해야 할 것이다.
마치 오늘 해야 할 숙제를 끝내지 못하고 잠자리에 든 학생이
다음 날 그 숙제를 붙들고 씨름해야 하는 것처럼.

미해결된 감정을 해결하고
내재된 미움과 원망, 우울과 분노, 두려움과 불안함 등의
모든 이원적 감정들을 내려놓고
자신이 바로 사랑 자체임을 기억하고
사랑 자체가 될 때까지 생은 반복될 것이다.
우리가 진정으로 감정의 자유를 획득하고
생각의 자유를 획득할 때
우리는 근원과 합일될 것이며
삶과 죽음을 통한 순환은 드디어 멈출 것이다.

08

풍요는
이해와 믿음을 통해서 온다

그대가 나에게 물었다.

"풍요는 어떻게 이루어지나요?"

나는 답했다.

"풍요는 노력을 통해 오는 것이 아니라

이해와 믿음을 통해서 온다."

건강, 사랑, 관계, 일, 돈…

이 모든 것들에 대한 진정한 풍요는

노력을 통해 오는 것이 아니라 이해와 믿음을 통해 온다.

물론 인간이 경험하는 물질적 차원 안에서는

노력을 통해서 온다.

하지만 진실은 노력 자체보다

노력 안에 내재한 믿음을 통해서 온다는 것이다.

그렇지 않다면 왜 똑같은 물리적 노력에도 불구하고

사람마다 다른 결과를 얻는 것일까?

외부적으로 보이는 노력만을 통해서 온다면

동일한 노력의 양에는 동일한 양의 결과가 따라줘야 할 것이다.

하지만 인생은 그렇지 않다.

결과를 결정하는 것은 외부적인 노력이 아니라

외부적 노력 너머 의식에 새겨진

믿음에 의해 결정되기 때문이다.

각 개인의 내면엔 풍요에 대한

지신만의 설계도가 있고 자동조절기가 있다.

하지만 우리는 이러한 원리에 무지하여

그 혜택을 못 보고 있다.

일단 그것이 있다는 것을 인식해야

사용법을 이해하고 익히기 위해 노력할 텐데
그것이 있다는 인식 자체가 없다.
물리적 차원에서 충분히 노력하고 있음에도
원하는 결과를 얻지 못하고 있다면
잠재의식에 새겨진
자신만의 설계도와 자동조절기를 점검해보아야 한다.

잠재의식에는 이 모든 것을 조율하는
자동조절기가 설정되어 있고
어느 순간 자신도 모르게 입력한 그 설정값으로 인해
계속 같은 결과가 출력되고 있는 것이다.
자동조절기란 잠재의식에 참이라고 입력된 정보를 말하지만
그것이 진실로 참인지 거짓인지는 중요하지 않다.
참이든 거짓이든 상관없이 현재의식이 참이라고 여기는 믿음은
온몸의 세포에 퍼져 있는 잠재의식에 입력되어
설정값을 형성하고 실행된다.

그러므로 풍요를 결정하는 것은
노력이라기보다는 개인의 믿음과 인식이다.
즉, 풍요와 빈곤의 정도는
자신의 믿음과 인식에 비례하여 드러날 것이다.

5장 우리에게는 창조의 힘이 있다

09

이원성을 넘어서면
절대적 사랑이 있다

그대가 나에게 물었다.

"절대적 사랑은 어떤 것인가요?"

나는 답했다.

"모든 이원성을 넘어선 곳에 절대적 사랑이 있다."

우리의 궁극적 목적은

모든 감정들을 뛰어넘어 절대적 사랑을 찾는 데 있고

그 절대적 사랑이 내 밖에 존재하는 어떤 대상이 아니라

바로 나 자신임을 깨닫는 데 있다.

즉, 자신이 사랑이고, 사랑이 자신임을 깨닫는 데 있다.

절대적 사랑이 바로 자신임을 아는 순간

자신이 근원이고, 근원이 바로 자신임을 알게 된다.

또한 모든 개인은 근원의식의 일부로서

서로 연결되어 있는 하나임을 알게 된다.

그리하여 '우리는 모두 하나입니다'라는 말이

단순히 상징적인 의미가 아니라

진리를 선포한 말이었음을 깨닫게 된다.

그럼 어떻게 인간은 이원성을 넘어

일원성에 도달할 수 있을까?

조건이나 상황에 따라 달라지는

불안, 우울, 슬픔, 두려움, 분노, 죄책감, 열등감, 미움, 원망 등의

모든 부정적 감정을 넘어서야 하고

기쁨, 즐거움, 유쾌함, 쾌적함, 만족감, 행복 등의

긍정적 감정도 넘어서야 한다.

실직을 해서, 꼴등을 해서, 불합격을 해서, 가난해서, 아파서…

기타 등등의 이유로 인해 느끼는 불안과 좌절은

5장 우리에게는 창조의 힘이 있다

조건 있는 감정이다.
승진을 해서, 일등을 해서, 합격을 해서, 복권에 당첨되어서…
기타 등등의 이유로 인해 행복하고 즐거워지는 것 역시
조건 있는 감정이다.

이 모든 조건 있는 감정들을 넘어서서
조건 없는 감사와 기쁨과 사랑을 느낄 때
우리는 드디어 이원성을 넘어서 일원성에 도달한 것이다.
우리에게 익숙한 사랑과 미움이라는
상반된 의미에서의 사랑이 아니라
그 양극성 모두를 초월한 절대적 사랑을 말한다.
이때의 사랑은 우리가 흔히 알고 경험하는
인간적 사랑과는 확연히 다른데
이러한 사랑을 우리는 흔히 신의 사랑이라고 표현하기도 한다.
이때에야 비로소 우리는
인간성을 넘어서 신성에 도달한 것이다.

그리하여 모든 영혼, 인간 존재의 최종 목적지는
조건 없는 감사와 기쁨과 사랑을 찾고
그것이 나와 분리된 그 무엇이 아니라
바로 나 자체임을 아는 것이다.

10

감사는 가장 위대한
창조 도구이다

그대가 나에게 물었다.

"감사할 것이 없는데, 왜 감사해야 하나요?"

나는 답했다.

"감사는 가장 위대한 창조 도구이기 때문이야."

화가 나는 상황, 짜증나는 상황, 우울한 상황에서도
감사함을 찾는 연습은 아주 중요하다.
삶에는 무수한 길이 있지만
그 모든 길에서 감사하기는 가장 위대한 창조 도구이며
우주와 공명하고 근원과 조율되는 가장 빠른 지름길이다.
어떤 상황에서도 감사함을 능숙하게 찾을 수 있는 단계가 되면
당신의 삶은 완전히 달라져 있을 것이다.
내면에 심어진 감사함의 나무가 튼튼하고 깊게 뿌리내릴수록
삶 역시 원하는 방향으로 더 튼튼하고 깊게
뿌리내리게 될 것이다.

왜냐하면 감사의 감정에서 발산되는 파동은
이미 이루어졌음의 파동을 발산하고
우주의 마음은 거기에 반응하여
이미 이루어졌음의 현실을 구축하기 때문이다.
감사와 기쁨과 사랑의 감정은
우주의 마음에 전송된 개인의 소망을
가장 빠르게 현실에 구현시킬 수 있는 파동을 발산한다.

순도 100퍼센트의 사랑과 감사 에너지에는
위대한 창조의 힘이 있고
이것이 사랑과 감사 에너지에 숨겨진 창조의 비밀이다.

더 깊게 이해하여야 할 것은
건강, 일, 사랑, 인간관계, 물질 등의
모든 풍요는 근원에서 온다는 것이다.

우리는 대개 이러한 것들이 타인을 통해서 온다고 여기지만
그것을 요청하고 허용한 것은 당신 자신이고
타인은 단지 그것이 당신에게로 오는 통로일 뿐이다.
당신이 바로 근원이기에 그것을 요청한 자도 당신이고
그것을 허용한 자도 바로 당신 자신임을 진실로 이해한다면
당신의 소망을 가로막는 자 역시
당신뿐임을 이해하게 될 것이다.

결국 당신의 우주에는 오로지 당신만이 존재하고
나의 우주에는 오로지 나만이 존재하며
삶 속에서 일어나는 모든 일은
타인과의 관계에서 일어나는 일이 아니라
자신과의 관계, 근원과의 관계에서 일어나는 일이다.

당신은 무언가를 소망하고 노력하고 기도하고 요청한 후
그것이 성취되리라고 믿지 않음으로써
자신에게 오는 그것을 허용하지 않고 가로막는다.
근원인 당신이 허용하지 못한 것을

5장 우리에게는 창조의 힘이 있다

누구도 당신에게 허용할 수 없기에
당신은 원하는 것을 얻지 못하게 된다.

감사하기는 당신이 믿지 않음으로써
가로막고 있는 그 벽을 무너뜨리고 통과하는 에너지이다.
감사하기는 결국
당신이 허용하지 못한 당신 마음의 방어막을 허물고
소망에 도달하는 가장 부드럽고 강력한 수단이다.

11

그대가 할 일은
아무것도 없다

그대가 나에게 물었다.

"어떻게 하면 기쁨 속에서 살 수 있나요?"

나는 답했다.

"그대가 할 일은 아무것도 없다."

우리가 아는 기쁨은

상대적 세계에서의 기쁨이며 조건 있는 기쁨이다.

그렇기에 노력을 통해 무언가를 성취하거나 소유함으로써

기쁨의 감정을 경험하고,

획득한 성취와 소유에 익숙해지거나 그것들이 사라지면

기쁨도 사라진다.

하지만 상대적 감정으로서의 기쁨을 넘어선 곳에

어떠한 원인도 조건도 없는 기쁨이 있다.

이때의 기쁨은

그저 존재 자체의 심연으로부터 솟아나는 기쁨으로

마치 꽃봉오리가 터지듯이

존재의 내면으로부터 퍼져나오는 에너지이다.

하지만 대부분의 사람들은 이러한 기쁨을 경험하지 못했고

그렇기에 이를 꿈꾸지 않고 소망하지 않는다.

그럼 어떻게 하면

절대적 감정으로서의 기쁨에 도달할 수 있을까?

그것은 노력으로 성취할 수 있는 것이 아니다.

당신이 할 일은 아무것도 없다.

아무것도 하지 않고, 생각하지 않고, 계산하지 않고,

오로지 고요히 존재하면 된다.

그러면 깊은 침묵 속에서 기쁨의 에너지가 저절로 솟아오르고
감사가 물결치며 존재는 사랑이 된다.

삶은 기쁨이며, 기쁨이어야 한다.
왜냐하면 우리 모두는 근원의식으로서 찬란한 빛의 존재이며
근원 에너지 자체가 기쁨과 감사와 사랑이기 때문이다.
우리는 모두 우주의 아이이고 언제나 우주와 연결되어 있으며
모든 것이 완전하다.
아무것도 할 필요가 없다.

아무것도 되지 않아도 되고 아무것도 하지 않아도 된다.
그저 지금 이 순간에 고요히 존재하는 것.
그거면 충분하다.
모든 것은 이미 다 이루어졌고 할 일은 아무것도 없다.
그저 기쁨 속에서 춤추는 것 외에는.

5장   우리에게는 창조의 힘이 있다

12

에고를 넘어
실재를 만나는 길

그대가 나에게 물었다.

"명상이 무엇인가요?"

나는 답했다.

"명상은 에고를 넘어 실재를 만나는 길이다."

명상은 에고를 넘어 실재를 만나는 길이다.

에고는 가아이며 유리창과 같다.

유리창에 티끌이 없고 맑아야

세상을 왜곡 없이 있는 그대로 볼 수 있다.

하지만 아무리 유리창이 티끌 한 점 없이

맑고 깨끗하게 닦였다고 해도

유리창이라는 막이 존재하기 때문에

있는 그대로의 밖을 느낄 순 없다.

유리창이라는 막으로 인하여 외부의 소리와 향기,

공기 속에 퍼진 미묘한 느낌 같은 것들은

온전히 전달되지 않기 때문이다.

마음 수양이 유리창에 묻은 얼룩을

매일 깨끗하게 닦아내는 것이라면

깨달음은 얼룩을 닦는 것이 아니라

그냥 창문을 통째로 빼버리고 실재와 만나는 것이다.

창문이 통째로 사라지는 순간 실외와 실내는 하나가 되고

실재의 소리와 향기는 가감 없이 전달된다.

집이라는 공간은

집을 구성하고 있는 외벽으로 인해 바깥과 구분되는데

이 벽이 통째로 사라지는 순간 안과 밖의 경계는 사라지며

모든 것이 안도 아니고 바깥도 아니며 동시에 그 모두인 것이다.

5장 우리에게는 창조의 힘이 있다

명상을 오랜 세월 꾸준히 하다 보면
거대한 나무 밑동이 뿌리째 뽑혀 나가듯
에고가 뿌리째 사라지는 순간이 온다.
그와 함께 에고라는 창문을 구성하고 있던 필연적 관념들과
불안, 분노, 미움과 같은 이물질들이 흔적도 없이 사라진다.
이렇게 사라진 에고는 사람에 따라
다시 돌아오기도 하고 안 그러기도 하지만
에고가 다시 돌아오든 안 돌아오든
이제 그는 예전의 그가 아니다.
그라는 존재는 변형되었고
내면은 고요한 평화와 앎이 자리 잡는다.

세상 모든 일에 더 이상 근심 걱정이 생기지 않으며
절대적인 내적 평화가 자리 잡고
드디어 참 본성이 깨어났음을 알게 된다.
모든 욕망이 사라지고 그저
'감사합니다', '사랑합니다', '축복합니다',
'모든 것이 이루어졌습니다'
라는 앎의 에너지가 충만하게 온 마음, 온몸에 채워진다.
삶은 이제 애쓰지 않아도 저절로 채워지며
내가 삶을 사는 것이 아니라 삶이 나를 살아간다.

13

교육은 중요한 것을
놓치고 있다

그대가 나에게 물었다.

"교육에 대해 이야기해줄 수 있나요?"

나는 답했다.

"우리의 교육은 중요한 것을 놓치고 있다."

우리의 교육은 중요한 것을 놓치고 있다.
유치원과 학교에서 가장 먼저 가르치고 배워야 할 것은
숫자와 알파벳이 아니라
나는 누구이고 인생은 무엇인가에 대한 정의이다.

인간의 행복과 존재의 진리에 관한 가르침,
자신으로 깨어나서 자신으로 살아가는 길에 대한
가르침과 배움이 필요하다.
진정한 나로 존재하기 위해서는 어떤 자질들이 필요하고
어떻게 그 자질들을 갈고닦아 함양시켜야 하는지,
자신이라는 존재의 근원과 완전하게 연결되기 위해서는
무엇이 필요하고 어떤 연습들이 필요한지에 대해
이제까지의 학교와 교육은 논하지 않았다.

그것이 현대인들이 그토록 많은 배움과 가르침에
노출되어 있음에도
진정으로 평화롭지 못하고, 진정으로 자유롭지 못하고
진정으로 행복하지 못한 이유이며
수많은 사람들이 질병과 빈곤과 미움으로
상처받고 고통받는 이유이다.
이제 우리의 학교와 교육은 이런 것들을 숙고해야 할 때이다.

다음 세대를 살아가는 아이들이

좀더 행복하고 자유로운 삶을 살아갈 수 있게 하기 위해서는

교육이 진화해야 하고

국어, 수학, 사회, 과학과 같은 기능적인 배움과

존재 근원의 진리에 대한 배움이

적절하고 균형 있게 진행되어야 한다.

교육은 이제 삶과 죽음, 자아와 명상, 우주와 근원,

자유와 진리에 대한

이해와 가르침을 시도해야 할 때가 되었다.

모두가 믿지 않을지라도 지구는 둥글다는 참 진리를 알리듯이

인간을 포함한 모든 존재의 근원은 의식이고

인간은 하나의 근원의식에서 분화된 개체라는 것을,

그리하여 모든 존재는 하나이면서

전체로 연결되어 있다는 것을 가르쳐야 한다.

외부세계는 내부세계를 투영한 거울일 뿐이며

삶을 바꾸고 싶다면

외부세계가 아니라 내부세계로 시선을 돌려야 한다는 것을,

내부세계의 모든 것을 바꿀 때

외부세계는 따라서 바뀐다는 것을 이해시켜야 한다.

내부세계를 이루는 주요 요인은 생각과 감정이라는 것을,
그렇기에 자신의 삶을 바꾸고 싶다면
자신의 생각과 감정을 바꾸고
무엇보다 자신에 대한 자신의 인식을
바꾸어야 한다는 것을 가르쳐야 한다.
미래 세대를 위해 우리는
이제 그 첫걸음의 교육을 시작하여야 한다.

14

모든 존재의 내부에
신성이 있다

그대가 나에게 물었다.

"신성은 어디에 있나요?"

나는 답했다.

"신성은 모든 존재의 내부에 있다."

적당한 집중과 적당한 몰입 그리고 적당한 이완 속에서

존재는 명상 속에 잠겨 들고

미지의 세계와 연결된 문이 열린다.

시간과 공간 속에서 시간과 공간이 사라진 순간

드넓은 내면의 하늘이 열리고

투명한 꽃잎들은 찬란하게 피어나고 흩날린다.

어디에서인지 모를 어느 곳에서

매혹적인 천상의 향기가 퍼져나오고

거대하고 웅장한 우주의 진동 소리가 들려온다.

존재의 깊은 곳에서 사랑과 축복과 감사의 에너지가

'사랑합니다', '축복합니다', '감사합니다'라는

언어가 되어 떠오르고

그 순간

'나는 사랑한다', '나는 축복한다', '나는 감사한다'가 아니라

'나는 사랑이다', '나는 축복이다', '나는 감사이다'임을

알게 된다.

나와 그것들이 별개가 아니라

내가 바로 사랑이고 축복이며 감사의 에너지임을 알게 된다.

'나는 사랑한다'가 아니라 '내가 바로 사랑이구나'라는

앎과 체험이 올 때 나와 사랑은 분리되지 않고 하나이다.

이런 특별한 경험은

존재를 더 미지의 세계로 이끄는 원동력이 된다.

잠깐 열린 창문으로 흘끗 본 미지의 세계는 너무나 매혹적이고

그 매혹은 그쪽 세계로 인간을 끌어당기는 거대한 힘이 된다.

하지만 이러한 체험이 누구에게나 오는 것은 아니다.

그것은 열린 가슴으로 끈기 있고 집중력 있는 탐구의 길을 걷는

참된 탐구자에게만 허락된 축복이며 은총이다.

하지만 몇십 년 후, 몇백 년 후 미래 세대는 다를 것이다.

명상이 누구에게나 삶의 일부가 되고

미지의 세계에 대한 지식이 보편적인 앎이 된 후에는

유치원이나 학교에서도

이런 지식들을 가르치기 시작할 것이다.

아주 어릴 때부터 자연스럽고 당연한 진리로

이러한 지식들을 받아들인 아이들에게 이 지식들은

지구가 둥글다는 사실 만큼이나

쉽고 자연스러운 지식이 될 것이고

개인의 내면에 숨겨진 신성들은 피어나기 시작할 것이다.

5장 우리에게는 창조의 힘이 있다

15

인간은 원래
자유로운 존재이다

그대가 나에게 물었다.

"인간에게 자유의지가 있나요?"

나는 답했다.

"인간은 원래 자유로운 존재이다."

인간은 정말 자유로운 존재일까?

그럴 수도 있고 아닐 수도 있다.
인간에게는 물론 자유의지가 있지만
우리가 일반적으로 이해하고 있는 것과는 다르다.
잠이 들어 꿈을 꿀 때 우리는 꿈속의 내용을 통제하기 힘들고
자각몽이 있기는 하지만 꿈속에서 자유의지는
충분히 발휘되기 어렵다.
꿈이란 현재의식의 반영보다는 잠재의식의 반영이고
잠재의식은 너무나 방대하고 복잡해서
알아채기도 통제하기도 쉽지 않기 때문이다.

그럼 우리가 잠들지 않고 깨어 있을 때는
온전히 자유의지를 발휘하며 살아가고 있는 걸까?
물론 깨어 있을 때 자유의지로 선택과 결정이 가능하지만
이조차도 온전한 자유의지는 아니다.
자유의지라고 착각하고 있을 뿐
사실 우리의 의식은 우주의 꿈속에서 잠들어 있는 상태이다.

진정한 자유란 외부의 힘에 의존하지 않는 것이며
외부의 힘에 휘둘리지 않는 것이다.
온전한 자유의지로 산다는 것은

내가 원하지 않는 삶에 더 이상 끌려다니지 않고
삶의 모든 면에서 풍요와 자유를 성취하고
자신의 운명을 주도적으로 창조해나가는 삶을 의미한다.
이것이 바로 우리가 이번 생에서 실현하고 싶어했던 삶이며
이를 성취하기 위해 우리는 이번 생으로 들어왔다.

그런데 왜 이것을 성취하기가 이토록 어려운 것일까?
자신이 누구인지 잊어버렸기 때문이다.
인간은 원래 자유로운 존재이다.
모든 인간은 내면에 신성을 품고 있고
당신이 누구인지 당신의 참모습이 바로 그 신성임을
당신이 알아보는 날
당신은 새롭게 일깨워질 것이며
원래부터 당신 것이었던 자유를 비로소 온전히 획득할 것이다.